성공을 설계하는 리더들

성공을 설계하는 리더들

최고의 협업과 성과를 실현하는
소프트 스킬은 무엇인가

로버트 치알디니, 마커스 버킹엄 외 지음

신예용 옮김

성장의 모멘텀 시리즈

FOR BUSINESS
STUDENTS

일러두기

1. 이 책은 〈하버드 비즈니스 리뷰〉에서 반드시 읽어야 하는 아티클만을 골라 뽑은 것입니다.

2. 신문 및 잡지 등 매체는 〈 〉, 단행본은 《 》로 표기했으며, 국내에서 출간된 단행본은 원서의 제목을 병기하고 출판사와 출간 연도를 함께 표시했습니다. 여러 번 개정된 도서는 최신 개정 제목에 따랐으며, 국내에 출간되지 않은 도서는 출간 연도를 표시했습니다.

3. 인명은 국립국어원의 표기 원칙에 따랐으며, 이미 통용되는 표기가 있을 경우 그에 따랐습니다.

4. 저자의 상세한 이력은 각 아티클의 끝에서 확인하실 수 있습니다.

FOR BUSINESS STUDENTS
성공을 설계하는 소프트 스킬에 관하여

일과 삶의 균형으로 진정한 성공을 꿈꾸는 사람, 본질만큼 표현의 중요성을 아는 사람, 높은 성취를 이루었으나 불안한 생각의 함정에서 벗어나지 못해 고민하는 사람, 올바른 피드백 사용법이 궁금한 사람, 탁월한 의사소통 능력과 사회적 스킬을 키우고 싶은 사람들에게 이 책을 바칩니다.

차례

일과 삶의 균형 관리하기

정말 중요한 것에 집중하기

보리스 그로이스버그, 로빈 에이브러햄스

과거 고위 경영진은 일과 삶의 균형이란 결코 이루기 어려운 이상일 뿐이며, 최악의 경우 허상에 지나지 않는다고 말했다. 하지만 오늘날 리더들은 일과 삶의 균형이 어긋나는 긴급 상황에 바로바로 대처하는 대신, 어떤 기회를 추구하고 거절할지 신중하게 선택하면 일과 가족, 커뮤니티의 균형을 맞출 수 있다고 주장한다. 그리고 실제로 그렇게 하고 있다.

힘든 시절을 잘 이겨내고 고위직에 오른 이들은 성공의 기반을 지키려면 자신과 사랑하는 사람, 또는 일과 가정이 균형 있게 양립해야 한다는 것을 잘 안다. 일과 가정을 가장 효과적으로 유지하는 사람들은 업무 결정 및 활동에 가족을 참여시킨다. 더불어 자신의 역량을 세심하게 관리하면서 일과 가정 모두에 충실하기 위해 노력한다. 이 노력은 몇 주나 며칠이 아니라 몇 년에 걸쳐 계속된다.

우리 연구에 참여한 21세기 기업 리더들은 일과 개인 생활의 조화를 중요하게 여긴다. 이 글은 하버드 경영대학원 학생들이 전 세계 약 4,000명의 임원을 대상으로 5년 동안 진행한 인터뷰와 하버드 경영대학원HBS 리더십 과정에서 82명의 임원을 대상으로 실시한 설문 조사를 바탕으로 작성되었다.

신중하게 고민하고 선택한다고 해서 일과 개인 생활이 완벽하게 통제되지는 않는다. 부모의 치매든 10대 자녀의 교통사고든, 인생에는 때때로 돌발 상황이 생기게 마련이다. 하지만 우리가 연구한 많은 임원은 남녀를 막론하고 예기치 못한 어려움 속에서도 가족과의 관계를 지키는 동시에 일에서도 성공 가도를 달렸다. 이들의 이야기와 조언에는 다음과 같은 5가지 주제가 담겨 있다.

남자와 여자의 성공에 대한 정의 차이

리더는 주요 프로젝트를 이끌기 전에 어느 정도를 성공이라고 할 것인지 미리 생각해둬야 한다. 삶을 이끌어갈 때도 마찬가지로 자신에게 성공이 무엇을 의미하는지 정의해야 한다. 물론 성공의 정의는 시간이 흐르면서 바뀐다는 점도 염두에 둬야 한다.

경영진의 직업적 성공과 개인적 성공에 대한 정의는 전술적인 부분부터 개념적인 부분까지 범위가 다양하다(〈리더가 일과 삶에서 '성공'을 정의하는 방식〉 참고). 어떤 리더에게는 성공이 일주일에 적어도 4일은 제시간에 귀가하는 것을 의미하고, 어떤 리더에게는 가족 구성원의 삶에 무슨 일이 일어나는지 파악하는 것을 뜻한다. 또 어떤 리더에게는 일과 가정 양쪽에서 정서적 에너지를 충족하는 것을 말한다.

우리가 실시한 설문 조사에서는 성별에 따라 몇 가지 흥미로운 차이가 드러났다. 직업적 성공을 정의할 때 여자는 남자보다 개인적 성취와 일을 향한 열정, 존경과 차이를 만드는 데 더 큰 의미를 두고, 조직의 성취와 지속적인 학습 및 개발에는 의미를 덜 부여했다. 개인적이거나 직업적 성공 요소로 금전적 성취를 꼽은 비율도 남자보다 여자가 더 낮았다.

보람 있는 관계는 남녀 모두에게 개인적 성공의 가장 일반적인 요소다. 하지만 남자는 단순히 가족을 이루는 것을 성공의 지표로 꼽은 데 비해, 여자는 자신이 생각하는 좋은 가정생활이 어떤 모습인지 설명하는 경향을 보였다. 또 여자는 가족뿐만 아니라 친구와 커뮤니티의 중요성에 대해 언급하는 비율이 훨씬 더 높았다.

리더가 일과 삶에서 '성공'을 정의하는 방식

응답한 임원들은 직업적·개인적 성공에 대한 정의에서 다음과 같은 요소를 강조한다.

직업적 성공의 의미

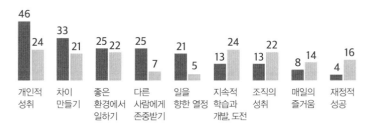

46 24	33 21	25 22	25 7	21 5	13 24	13 22	8 14	4 16
개인적 성취	차이 만들기	좋은 환경에서 일하기	다른 사람에게 존중받기	일을 향한 열정	지속적 학습과 개발, 도전	조직의 성취	매일의 즐거움	재정적 성공

개인적 성공의 의미

46 59	17 17	13 12	13 17	8 16	0 12
보람 있는 관계 (가족과 커뮤니티, '내가 사랑하는 사람들')	행복/ 즐거움	일과 삶의 균형	의미 있는 삶/후회 남기지 않기	학습 및 개발 (새로운 경험과 개인적 성장)	재정적 성공

■ 여자 %　　■ 남자 %

설문 조사의 응답은 짧은 글과 목록으로 구성되었지만, 인터뷰에서 임원들은 종종 자기 이야기를 더 들려주었다. 본인이 생각하는 이상적인 자신의 모습과 상황을 묘사하면서 개인적으로 꿈꾸는 성공을 설명하기도 했다. 이런 서사와 자아의 개념은 사람들이 활동의 우선순위를 정하고 갈등과 불일치를 이해하도록 돕는 동기 부여의 주춧돌 역할을 한다. 예를 들어, 일과 가정 사이에서 책임이 충돌할 때 남자는 좋은 가장이라는 문화적 서사를 내세운다.

가족과 충분한 시간을 보내지 못한다고 인정한 몇몇 남자 임원은 자신이 누리지 못한 기회를 자녀가 누린다면 자신에게 기회가 없더라도 충분히 감수할 만하다고 여겼다. 가난한 어린 시절을 보낸 한 남자는 자신의 재정적 성공이 자녀를 보호하는 동시에 그동안 부모가 고생한 대가에 대한 보답이라고 말했다. 또 다른 남성은 '가족의 해체breakup of family'를 긍정적으로 바라보기까지 했다.

"과거로 돌아간다고 해도 여전히 일에 집중하는 쪽을 택할 겁니다. 저에겐 가족을 부양하고 지역의 리더로 활동하는 것이 중요하니까요. 지금은 아이들의 교육에 집중하면서 주말에 아이들과 더 많은 시간을 보내고 있지만요."

일 그리고 삶의 다른 영역에서 어느 정도 균형을 이뤘다고 자부하는 남자들조차 전통적인 남성상과 자신을 비교해서 평가한다. 한 인터뷰 참여자는 이렇게 말했다.

"밤에 아이들과 보내는 10분이 직장에서 보내는 10분보다 100만 배는 더 중요하죠."

여자가 하루에 10분간 아이들과 함께 보냈다고 스스로 칭찬하는 경우는 상상하기 어렵지만, 남자는 같은 행동을 모범적이라고 생각하기도 한다.

실제로 여자는 남자처럼 자신이 가족을 위해 일한다고 생각하는 경우가 거의 없다. 남자는 여전히 가정 내에서 책임을 생계 유지 측면에서 생각하는 반면, 여자는 자녀의 역할 모델이 되는 것이 자신의 책임이라고 여긴다.

여자는 자녀, 특히 딸이 자기를 유능한 직업인으로 보는 것이 매우 중요하다는 점을 남자보다 훨씬 더 강조한다. 한 여자는 이렇게 말했다.

"일이 제 정체성의 큰 부분이라고 생각해요. 그래서 아이들이 제가 하는 일을 이해하길 바랍니다."

많은 여자가 일과 가정을 관리하면서 가장 어려운 점으로 모성에 대한 문화적 기대에 맞서 싸우는 것이라고 언급했다. 경제 전문 방송 〈블룸버그〉에서 일하는 한 여자는 딸이 자기 직장을 '엄마들 프로그램'이라고 부른 이후 더 이상 집에서 일하지 않는다고 고백했다. 또 다른 여자는 이렇게 설명했다.

"돈만 충분하다면 필요한 (실질적인) 도움을 전부 받죠. 가장 어려운 점은 다른 여자 동료들이 직장을 그만두는 걸 보면서 아이들과 충분한 시간을 보내지 못한다는 정서적 죄책감을 느낀다는 거죠. 아이들과의 관계에 충실하지 못하다는 생각 때문에요."

남자와 여자 모두 이런 유형의 죄책감을 표현했다. 그리고 개인적 성공을 거두려면 후회를 남기지 않아야 한다고 생각했다. 이들은 종종 자녀와 함께하는 야구 경기에 절대 빠지지 않거나, 무슨 일이 있어도 하루에 한 번은 아이들과 시간을 보내는 등 특정 행위에 특별한 의미를 부여하는 방식으로 이 문제에 대처했다.

한 인터뷰 참여자는 이렇게 말했다.

"전 가족과의 저녁 식사를 중시해요. 가장 중요한 고객과 오후 6시에 미팅을 잡는 것처럼 가족과의 저녁 식사를 꼭 지키려고 노력하죠."

다른 사람은 이런 제안을 하기도 했다.

"집안 가구 배치에 신경 쓰세요. 책상을 주방에 두어 아이들이 숙제하는 동안 남편은 요리하고 당신은 레드 와인을 한 잔 마실 수 있게요."

조언처럼 이야기하긴 했지만, 이 설명에서는 성공적인 가정의 모습이 매우 개인적이고 구체적인 이미지로 드러났다.

온라인 시간 관리하기

거의 모든 인터뷰 참여자가 이메일과 문자 메시지, 음성 메시지 및 기타 온라인 시간을 관리하는 것이 얼마나 중요한지 이야기했다. 업무를 위해 온라인으로 언제, 어디서, 어떻게 접속할지 결정하는 것은 특히 가족이 있는 임원들에게 지속적인 과제다. 이들 중 다수가 온라인으로 한 번에 두 곳에 존재하려는 것이 위험하다고 경고하며, 온전한 집중의 가치를 강조했다. 한 임원은 이렇게 말했다.

"집에 있을 때는 그냥 집에만 있으려고 해요. 웬만하면 이메일을 확인하거나 전화를 받지 않죠. 아이들에게 100퍼센트 집중하고 싶기 때문에요. 마찬가지로, 직장에 있을 때는 온전히 업무에만 집중하려고 해요. 2가지 영역을 뒤섞으면 혼란과 실수가 생기게 마련이죠."

그의 마지막 말은 임원들이 자주 우려하는 사항이다. 일상이 항상 업무와 연결되어 있으면 성과가 저하된다. 한 리더는 "정신 없이 이메일에 응답하지 않고 한 발짝 떨어져 있으면 특정한 인지 과정이 일어납니다"라고 주장했다(결국 과학의 역사는 실험실이 아니라 과학자가 일상적인 작업을 할 때, 심지어 잠을 자는 동안 얻은 통찰력으로 점철되어 있다). 또 다른 임원은 24시간 근무 방식이 오히려 조직에서 주도성을 해친다고 지적했다.

"사람들이 당신의 도움을 항상 필요로 한다면 자신이 중요하다는 느낌이 들겠지만, 정말 중요한 사람이 되는 것과 내가 없으면 주변 사람이 아무것도 할 수 없는 건 다른 이야기죠."

놀랍게도 일부 고위직 임원은 업무 중에 온라인 기기 사용을 줄이기 시작했다. 몇몇은 "전화로는 아이를 키울 수 없다"라는 말을 인용하면서 팀 관리에서도 전화가 최선의 수단이 아니라고 지적했다.

업무에서는 직접 만나서 소통하는 편이 더 나은 경우가 많다. 그렇다면 어떤 경우가 그럴까? 한 인터뷰 참여자는 이와 관련해, 단순히 정보를 전달하는 대화와, 아이디어를 교환하고 분석하는 대화는 분명히 차이가 있다고 지적했다.

"(전화로) 말하기는 편하지만, 신중하고 사려 깊게 분석하면서 듣기는 매우 어려워요. 요즘에는 중요한 대화를 할 때 직접 얼굴을 보면서 하는 방식으로 돌아가요. 수십억 달러 규모의 거래를 다룰 때는…… 직접 만나야죠."

가정 내 온라인 기기 사용과 관련한 설문 조사에 참여한 임원 중 3분의 1 이상은 온라인 기기를 침입자로, 4분의 1은 해방자로 보았다(나머지는 중립적이거나 복합적인 감정을 보였다). 이들 중 일부는 스마트폰이 가족과 보내는 시간을 침해한다면서 분노했다. 한 사람은 아쉬움을 드러내기도 했다.

"전화벨이 울리면 축구 경기에 집중하기가 어려워요."

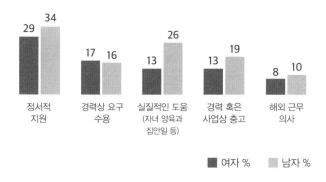

파트너의 기여도

임원들은 파트너와 배우자가 성공에 대한 비전을 공유하고, 보완적인 기술을 제공하며, 다음과 같은 지원을 제공한다고 말했다.

- 정서적 지원: 29 / 34
- 경력상 요구 수용: 17 / 16
- 실질적인 도움 (자녀 양육과 집안일 등): 13 / 26
- 경력 혹은 사업상 충고: 13 / 19
- 해외 근무 의사: 8 / 10

■ 여자 %　■ 남자 %

하지만 어떤 사람은 온라인 기기가 제공하는 유연성을 높이 평가했다. 한 임원은 이렇게 말했다.

"아이들을 돌보기 위해 오후 4시쯤 집을 나서도 저녁 8시면 집에 돌아와서 네트워크와 이메일에 접속할 수 있지요."

또 다른 임원은 이렇게 말했다.

"가끔 저녁 식사 자리에서 스마트폰을 사용하면 아이들이 저를 힘들게 해요. 그러면 전 아이들에게 스마트폰 덕분에 함께 집에 있는 거라고 말한답니다."

연결되는 것을 싫어하는 사람과 좋아하는 사람 모두 경영진이 온라인 기기를 현명하게 관리하는 방법을 배워야 한다고 인정했다. 전반적으로 이들은 온라인 기기를 좋은 하인인 동시에 나쁜 주인이라고 보았다. 이 분야에 대한 이들의 조언은 상당히 일관적이다. 팀에 충실하되 너무 많은 시간을 내주지 말고, 멀티태스킹을 얼마나 할 수 있는지 솔직하게 밝혀야 한다. 직접 대면해 관계와 신뢰를 쌓고, 이메일 수신함을 잘 관리하라는 것이다.

든든한 지원 네트워크 구축하기

전반적으로 고위 임원들은 가정과 직장 생활을 관리하려면 든든한 지원 네트워크가 형성되어 있어야 한다고 주장했다. 집에 머무는 주요 양육자가 없는 경우에는 유급 도우미나 가족의 지원이 필수적이라고 보았다.

우리 연구에 참여한 여자들은 단호한 입장을 취했다. 한 여자는 이렇게 말했다.

"우리는 중요한 일에 집중할 수 있도록 장보기와 요리, 아이들 옷 입히기 등 좀 더 전술적인 일을 도와줄 사람을 고용하죠."

자녀가 없는 인터뷰 참여자들도 노부모를 부양하거나 자신의 건강 문제가 생겼을 때에 대비해 가정에서 지원이 필요하다고 언급했다.

정서적 지원도 필수적이다. 다른 사람들과 마찬가지로 리더들도 때때로 직장에서 화나거나 짜증 나는 일로 감정을 분출할 경우 친구와 가족은 동료보다 더 안전한 지지자가 된다. 팀원들이 항상 객관적 거리를 유지하지는 않으므로, 임원은 가끔 어떤 문제나 결정에서 새로운 관점을 얻기 위해 개인적 네트워크에 의지하기도 한다.

직장 내 지원 역시 중요하다. 신뢰할 만한 동료는 소중한 반향판 역할을 한다. 그리고 많은 임원들이 자신이나 가족에게 건강상 위기가 닥쳤을 때 자상한 상사와 동료가 없었다면 경력이 단절되었을 수도 있다고 대답했다. 아무리 신중하게 계획한 경력이라도 예상치 못한 변수로 흔들릴 수 있다.

한 인터뷰 참여자는 이렇게 말했다.

"젊을 때는 모든 걸 통제할 수 있다고 생각하지만, 실제로는 그렇지 않거든요."

임원들은 심장마비와 암이 들이닥쳤을 때, 그리고 간병이 필요한 부모님에 관한 이야기를 들려주었다. 한 사람은 약물에 대한 정신병적 반응을 이야기하기도 했다. 이런 상황에서 멘토와 팀원들은 임원들이 어려운 시기를 극복하고 업무에 복귀하도록 도와주었다.

경영진은 2가지를 모두 활용해야 하므로 개인적 네트워크와 업무적 네트워크를 혼합하면 어떨까 하는 문제는 논의의 여지가 있다. 설문 조사에 참여한 남자들은 별도의 네트워크를 선호하는 경향이 있고, 여자들은 거의 균등하게 양분되었다. 통합을 선호하는 참여자들은 삶의 모든 맥락에서 자신이 '같은 사람'이 된다는 점에 마음이 놓이고, 일과 시간 대부분을 보내는 직장에서 친분을 쌓는 것이 자연스럽다고 답했다.

직장 생활과 개인 생활을 분리하는 사람들에게는 여러 가지 이유가 있다. 그중에는 신선한 자극과 일의 균형을 추구하는 사람도 있다. "모든 사교 활동이 직장 생활에 집중되면 영향력과 아이디어의 범위가 점점 줄어들어요"라고 지적하는 사람도 있다. 직장 생활에 얽매이지 않도록 개인적 관계를 보호하려는 사람들도 있다.

자기 이미지가 손상될까 봐 인맥을 별도로 분리해서 유지하는 여자도 많다. 어떤 이는 프로답지 않게 보일까 봐 직장에서 결코 가족 이야기를 꺼내지 않는다. 몇몇 여자 임원은 업무 외적인 대화를 할 때는 자기 경력을 언급하지 않거나 직업이 있다는 사실조차 밝히지 않는다.

하지만 모든 여자가 '직업적 자아'와 '개인적 자아' 사이에서 이런 갈등을 겪는 것은 아니다. 몇몇 여자는 이런 흐름이 바뀌고 있다고 주장했다. 한 응답자는 "직장에 여자가 많을수록 우리 아이들 이야기를 더 많이 하게 돼요"라고 말했다.

해외 출장 또는 해외 근무 경험 쌓기

일과 삶의 균형에 대한 논의는 보통 시간 관리에 초점을 맞춘다. 하지만 자신의 위치, 더욱 넓히면 글로벌 근무 환경에서 자기 역할을 관리하는 것도 중요하다. 리더가 (해외 또는 국내로) 출장을 가거나 이직할 때는 가정생활에 큰 영향을 미친다. 그래서 많은 경영진은 젊고 제약이 없을 때 국제적 경험과 해외 출장 경력을 쌓는 것이 중요하다고 생각한다. 설문 응답자 중 32퍼센트는 가족을 이주시키고 싶지 않아서 해외 근무를 거절했고, 28퍼센트는 결혼 생활을 보호하기 위해 같은 제안을 거절했다고 답했다.

몇몇 임원은 파트너나 배우자의 해외 근무 때문에 경력이 단절되거나 좌절된 경험을 이야기했다. 물론 자녀가 있는 경우에는 해외 출장이 더욱 까다롭다. 많은 여자가 아이를 낳은 후 출장을 줄였다고 대답했으며, 남녀 임원 중 일부는 자녀가 청소년일 때 전근을 거부한 적이 있다고 밝혔다. 한 임원은 이렇게 설명했다.

"아이들이 아주 어릴 때는 좀 더 자유롭게 돌아다녔어요. 하지만 열두세 살쯤 되면 한곳에 머물고 싶어 하죠."

여자 임원은 남자 임원보다 해외 근무를 제안받거나 수락할 가능성이 낮다. 부분적으로는 가족에 대한 책임 때문이지만, 특정 문화권의 제한적 성 역할이나 여자들은 전근을 꺼린다는 인식 때문이기도 하다.

출장 경험이 많은 응답자들을 대상으로 한 설문 조사 결과는 하버드 대학원생 면접관의 정성적 조사 결과와 일치한다. 설문 조사에 참여한 남자 중 문화적 우려 때문에 해외 근무를 거절했다는 응답자는 거의 없었다("그렇다"고 대답한 여자 응답자는 13퍼센트인 데 비해, 남자 응답자는 1퍼센트 미만이었다).

여자 임원에게는 해외 출장 기회가 평등하게 제공되지도 않는다. 성 규범과 고용법, 의료 서비스 접근성, 일과 삶의 균형에 대한 견해가 국가마다 다르기 때문이다. 한 미국인 여자는 키가 크다는 이유로 유럽에서 '위협적으로 보일까 봐' 각별히 신경 썼다고 말했다. 또 다른 여자는 중동에서 자기 말의 신뢰성을 증명하기 위해 반드시 남자 동료와 함께 회의에 참석했다고 말했다.

주로 여자들이 이런 문제로 어려움을 겪는다. 하지만 국제적 업무는 누구에게나 쉽지 않으며, 많은 임원에게 그만한 가치가 없는 일로 보이기도 한다. 남녀 임원 모두 특정 국가 혹은 도시를 기반으로 삼아 만족스러운 경력을 쌓은 경우가 있기 때문이다.

하지만 고위 임원이 되고 싶은데 해외 출장을 선호하지 않는다면 일찍부터 결단을 내려야 한다. 그래야 자신의 지리적 선호도와 맞지 않는 업계에 갇히는 것을 피하고, 출장 이외 방법으로 열린 마음과 세련됨, 기술 다양성, 그 이상을 향한 의지를 보여줄 발판을 마련할 수 있다(몇몇 임원은 해외 경험이 종종 이런 개인적 특성이 있다는 신호로 간주된다고 언급했다). 한 임원은 이렇게 주장했다.

"물론 국제적 경험을 쌓는 것도 도움이 되지만, 여러 사업 부문을 두루 경험하는 것도 그에 못지않게 중요합니다. 2가지 경험 모두 남들이 나처럼 생각하지 않는다는 것을 이해하는 데 도움이 되거든요."

몇몇 임원은 탄소 배출과 연료비, 보안 문제로 향후 여행 예산이 줄어들 거라는 점을 지적하며, 과연 세계를 돌아다니며 일하는 미래가 도래할지 의문이라고 말했다.

파트너와의 협업

자기 관리와 온라인 시간 관리, 네트워크 관리와 출장 관리 모두 쉽지 않다. 가정생활이 탄탄한 임원들은 자기 자신을 위해 비전을 세울 뿐만 아니라 가족과 공유해야 한다고 거듭 강조한다. 설문 조사에 참여한 임원 대부분 파트너나 배우자가 있었으며, 공통 목표가 이들을 하나로 묶어주었다. 이런 관계는 두 사람 모두에게 끊이지 않는(혹은 덜 끊이는) 업무와 모험 성격을 띤 출장, 집중적인 양육, 지역사회 활동 참여 등 서로 목표를 공유하지 않으면 얻지 못할 기회를 제공한다.

임원들은 또한 상호 보완적 관계의 중요성을 강조했다. 많은

임원이 파트너의 감성 지능과 업무 집중력, '큰 그림 사고big pic-
ture thinking'와 세부 사항을 강조하는 성향 등의 인지적 기술 혹
은 행동적 기술이 자기 성향과 얼마나 균형을 이루는지 중시한
다고 말했다.

설문 조사에 참여한 많은 사람이 파트너가 자신의 경력에 가
장 크게 기여한 요소로 '정서적 지원'을 꼽았다. 남자와 여자 모
두 파트너가 자신을 믿어주며 사업상 위험을 감수하거나, 즉각
적 보상이 없더라도 장기적 만족을 가져다주는 직업 기회를 추
구하도록 격려했다고 언급한 경우가 많았다. 이들은 파트너가
반향판이자 정직한 비평가가 되어주기를 기대했다. 한 임원은
파트너가 "자기 생각에 도전하는 질문을 던져 반대 관점에 더
잘 대응하도록" 이끌어준다고 대답했다.

파트너의 지원은 다양한 형태로 제공되지만, 결국 리더들이
자기 자신이라는 인적 자원을 어떻게 효과적으로 관리할지가
관건이다. 임원을 향한 압박과 요구는 치열하고 다양하며 좀처
럼 멈추지 않는다. 파트너는 이들이 중요한 일에 집중하고, 시
간과 에너지를 알맞게 할당하며, 건강하게 생활하고, 업무와 여
행, 가정 관리와 지역사회 참여에 신중한 선택을 내리도록 도와
준다.

그러나 전반적으로 남자가 배우자의 지원을 더 많이 받는다.
대부분 전업주부를 배우자로 둔 남자 인터뷰 참여자는 배우자

가 자녀를 돌보고, 장시간 근무를 이해하며, 때로는 삶의 방식으로서 해외 근무를 받아들여줬다고 이야기하는 경우가 많았다. 그렇지만 이들도 배우자가 상사를 위한 저녁 식사와 고객을 위한 칵테일파티를 주최하는 1950년대식 전형적인 '비즈니스 아내business wife'를 기대하지는 않았다. 물론 일부 국가 및 업계에서는 예외가 존재한다. 유전에서 일하는 한 남자 임원은 "야영지에서 생활하고 일할 때는 아내가 동료의 배우자까지 챙길 수밖에 없어요"라고 말했다.

남자들은 자기 파트너가 가족과 건강 또는 사회생활을 소홀히 하는 것을 허용하지 않는다고 자주 언급했다. 예를 들면 다음과 같은 경우다.

"저는 할 일이 남아 있더라도 꼭 집에 가서 밥을 먹고 마저 일해요. 아내가 가족과의 저녁 식사를 중요하게 생각하거든요."

반면 여자는 가정 내 전통적 역할에서 벗어나려는 파트너를 긍정적으로 언급하는 경우가 조금 더 많았다. 한 응답자는 이렇게 설명했다.

"우리 남편은 내 역할에 따르는 업무를 이해해주고, 일이 생각보다 오래 걸릴 때도 부담을 주지 않는답니다."

즉, 남자 임원들은 자기 경력에 긍정적으로 기여하는 파트너를 칭찬하는 경향이 있는 반면, 여자들은 일에 간섭하지 않는 파트너를 칭찬했다.

조사 개요

2008년부터 하버드 경영대학원 2학년 인적 자본 관리 과정에 재학 중인 600여 명의 학생은 전 세계 기업과 비영리 단체의 최고위 경영진 또는 경영진 3,850명(655명은 CEO, 사장 또는 이사회 멤버)을 인터뷰했다. 오늘날 최고 경영진들이 업무와 개인 생활에서 어떤 선택을 하는지 통찰력을 얻기 위해서였다. 이 프로젝트는 학생들과 경영진 간 진정한 협력을 바탕으로 진행되었다. 참여한 모든 이가 21세기, 특히 현재와 같은 세계 경기침체기에 경영진의 인적 자본 관리가 어떤 의미인지 깊이 탐구하기를 원했다.

인터뷰에 참여한 경영진은 금융과 소매업, 에너지, 의료, 기술 등 다양한 산업을 대표하는 다양한 그룹(남자 56퍼센트, 여자 44퍼센트)으로 구성되었다. 출신 국가 기준으로 51개국이며, 그중 45퍼센트는 미국 외 국가에서 근무한 경험이 있었다.

인터뷰는 일정한 구조에 얽매이지 않는 반구조화 형식으로 진행되었다. 학생들은 인적 자본 관리에서 다루는 주제와 관련된 질문을 할 때 질문 내용과 반응에 따른 후속 조치를 재량껏 선택했다. 따라서 학생들은 저마다 가장 흥미롭게 여기는 문제에 파고들었다.

이 인터뷰를 보완하기 위해, 2012년 HBS 리더십 과정에 참여한 고위 임원 82명을 대상으로 경력 및 가족 관리 경험에 대한 설문 조사를 했다. 인터뷰 대상은 아프리카, 유럽, 아시아, 중동, 북남미 33개국에서 온 남자 58명과 여자 24명으로 구성되었다. 이 글에 나오는 통계는 해당 설문 조사 데이터이며, 인용문은 현장 데이터에서 가져온 것이다.

설문 조사 데이터에서는 성별에 따른 두드러진 차이점이 나타났다. 남자 임원은 전체의 88퍼센트가 결혼한 데 비해, 여자 임원은 70퍼센트로 훨씬 적었다. 또한 남자 임원의 60퍼센트는 배우자가 풀타임 근무를 하지 않는 데 비해, 여자 임원은 10퍼센트에 불과했다. 남자 임원은 평균 2.22명, 여자 임원은 1.67명의 자녀를 두었다.

일과 가정의 균형 있는 삶을 위한 노력

모든 인터뷰 참여자가 분주한 가운데 시간을 내어 대학원생들과 인사이트를 공유하는 데 동의했다는 점에서 선택 편향(사전 또는 사후 선택된 표본에 따라 통계 분석이 왜곡되는 오류-옮긴이)이 발생할 수 있다. 바쁜데도 대학원생들을 돕기로 결정한 리더라면 대인 관계를 중요시할 것이기 때문이다. 이들은 일과 삶에 대해 성찰하는 경향이 있으므로, 2가지 영역 모두에서 신중한 선택을 내릴 것이며, 가정에서의 지원 비용을 감당할 경제적 여유도 있을 것이다.

이런 모든 정황으로 미뤄볼 때 왜 많은 인터뷰 참여자가 어려움을 겪으면서도 행복하다고 대답했는지, 더불어 경력상 압력으로 결혼이나 가정에 심각한 피해를 입었다고 언급한 사람이 거의 없는지 알 수 있다. 인터뷰 대상자들은 다른 대부분의 사람들보다 일과 삶의 균형을 이루는 데 더 나은 자리에 있는 엘리트 집단이다. 그런데 이들마저 일과 삶의 균형이 불가능하다면 대다수 직장인은 현실이 얼마나 각박한지 일깨워준다.

대학원생 인터뷰 진행자는 대화를 나눈 경영자가 대체로 일과 가정을 모두 유지하는 방법에 대해 귀중한 조언을 해줬다고 말했다. 한 대학원생은 이렇게 전했다.

"모두 때때로 희생과 양보가 필요하다는 걸 인정하면서도 자기를 지지해주는 배우자와 가족의 역할이 중요하다고 강조했어요."

한편, 경영진이 가정에서 얼마나 많은 희생을 하는지, 기업 세계가 가족의 요구에 적응하는 데 얼마나 진전이 더딘지 알고 놀라움을 표한 대학원생들도 있었다.

남자 임원은 대체로 자신이 가족을 충분히 우선시하지 않는다고 인정했다. 그리고 여자 임원은 일과 가정의 양립에 대한 압박을 피하기 위해 남자보다 자녀 출산이나 결혼을 포기할 가능성이 더 컸다. 한 여자 임원은 이렇게 말했다.

"저는 불평등의 주요 원인이 되는 아이를 낳는 경험을 한 적이 없어요. 사람들은 여자가 아이를 갖지 않으면 불임이거나 일에만 몰두하는 나쁜 여자라고 생각하죠. 그래서 경력에 부정적 영향을 받은 적은 없지만, 개인적으로는 비난받기도 했을 거예요."

남녀 임원들은 일과 가정 사이 긴장을 주로 여자의 문제로 보았으며, 대학원생들은 이런 점을 실망스럽게 여겼다. 한 응답자는 이렇게 설명했다.

"전 세계 기업의 임원들이 여전히 남자 중심이라는 점만 봐도, 조직에서 여자가 경력과 개인 생활을 효과적으로 관리하는 여건을 마련하는 데 생각보다 오랜 시간이 걸릴 것 같아요."

대학원생들은 또한 '균형 잡힌' 삶을 추구하는 상태로는 세계 시장에서 살아남을 수 없다는 리더들의 일반적인 믿음에도 저항했다. 한 임원이 '훌륭한 가정생활과 취미, 뛰어난 경력'을 동시에 갖추기란 불가능하다고 주장하자, 인터뷰한 대학원생은 처음에 '그 사람의 관점이 그렇다'라고 생각했다. 그런데 더 많은 리더와 대화를 나눈 뒤 이 대학원생의 생각은 어떻게 변했을까?

"경영진이 모두 어떤 식으로든 이 관점을 확인시켜주었고, 이것이 오늘날 기업 세계의 현실이라고 믿었어요."

이런 현실이 미래에 어떻게 바뀔지는 아직 알 수 없다.

* * *

우리는 이번 세기가 끝날 즈음 직장이나 가정이 어떤 모습일지, 직장과 가정이 어떻게 공존할지 예측할 수 없지만 다음 3가지 단순한 진실은 확신할 수 있다.

인생이란 변하게 마련이다

아무리 일에 헌신적인 임원이라도 심장마비나 가족의 사망과 같은 개인적 위기를 겪으면 갑자기 일에서 가정으로 우선순위가 바뀐다. 누군가 지적했듯이, 사람들은 '뭔가 잘못될 때까지' 일과 삶의 균형을 무시하는 경향이 있다. 하지만 이처럼 한쪽을 무시하는 태도는 지혜롭지 않다. 현명한 임원들은 모든 일이 잘 풀릴 거라고 가정할까? 낙관적인 접근 방식이 회의실이나 작업 현장에서 성립하지 않는다면 개인 생활에서도 마찬가지다.

성공으로 가는 길은 여러 갈래다

어떤 사람은 자기 경력을 치밀하게 계획한다. 어떤 사람은 기회가 찾아오면 반드시 붙잡는다. 어떤 사람은 한 회사에만 머물며 정치적 자본과 더불어 조직의 문화와 자원에 대한 깊은 지식을 쌓는다. 또 어떤 사람은 자주 회사를 옮겨 다니며 외부 인맥과 새로운 관점에 의존해 성공을 거둔다.

마찬가지로, 가정에서도 개인과 가족 구성원에 따라 해결책이 다양하다. 어떤 임원은 재택근무를 하는 파트너가 있고, 파트너와 둘 다 일하는 다른 임원은 절충안을 마련하기도 한다. 육아와 해외 출장, 저녁 식탁에서 스마트폰 사용에 관한 질문에는 '올바른' 답이 없다. 하지만 이런 문제에 대해 질문을 던질 필요는 있다.

누구도 혼자서는 해낼 수 없다

성공으로 가는 수많은 길 중에서 혼자 갈 수 있는 길은 없다. 직장 안팎의 지원 네트워크는 매우 중요하며, 네트워크의 구성원은 서로 필요를 충족해야 한다. 풍요로운 직장 생활과 개인 생활을 추구하는 남녀는 분명 어디에 노력을 집중할 것인가 하는 문제로 계속 어려운 결정에 직면할 것이다. 연구 결과에 따르면, 무엇에든 진지하게 집중하려고 노력하는 것이야말로 험난한 직장 생활에서 끝까지 살아남는 방법이다.

보리스 그로이스버그Boris Groysberg는 하버드 경영대학원 조직행동학부에서 경영학 교수로 재직 중이며 하버드대 인종, 성, 평등 이니셔티브에서 활동하고 있다. 콜린 애머먼과 《반쯤 깨진 유리 천장: 아직까지 직장에서 여성의 승진을 막는 요소 깨부수기Glass Half-Broken: Shattering the Barriers That Still Hold Women Back at Work》(2021)를 공동 집필했다.

로빈 에이브러햄스Robin Abrahams는 하버드 경영대학원 연구 조교수다.

일과 가정생활의 균형 관리로
삶의 만족도 높이기

문제

이 세대의 고위 임원들은 일과 가정을 오락가락하면서, 즉 저글링하면서 '균형'을 이룰 수 없다고 느끼기 때문에 직장이나 가정에서 의미 있게 몰입하지 못한다.

해결책

두 영역에서 어떤 기회를 추구할지 신중하게 선택하면 더 집중할 수 있고 더 효과적이다.

결과

이런 방식으로 자신의 인적 자본을 신중하게 관리하는 임원은 직업적으로나 개인적으로 더 높은 수준의 만족도를 유지한다.

설득의 과학 활용하기

로버트 치알디니

운이 좋은 소수의 사람만 설득 능력이 있고 대다수 사람은 없다. 이 재능을 '타고난' 사람만 청중을 사로잡고, 결정을 내리지 못한 사람의 마음을 움직이며, 자기에게 반대하는 사람을 설득하는 방법을 알고 있다. 설득의 대가들이 마법을 부리는 모습을 지켜보노라면 신기하면서도 괴롭다. 이들은 카리스마와 언변을 활용해 상대방에게 자신이 부탁한 일을 하도록 아주 쉽게 설득한다. 놀라운 것은 이것만이 아니다. 상대방은 이들이 무슨 호의라도 베풀었다고 생각하는지 부탁을 열정적으로 들어준다.

안타깝게도 타고난 설득의 달인들은 자신의 뛰어난 기술을 설명하거나 다른 사람에게 알려주지 못하는 경우가 많다. 이들이 사람을 대하는 방식은 일종의 예술이며, 일반적으로 예술가들은 설명하는 것보다 행동하는 데 훨씬 능숙하다. 리더십의 근본적인 과제와 씨름하지만 카리스마와 언변이 평범한 우리는 이들에게 별다른 도움을 받지 못한다.

리더십의 근본적인 과제는 다른 사람을 통해 일을 해내는 것이다. 이런 과제는 무척 개인주의적인 직원들에게 동기를 부여하고 지시하는 방법을 매일 고민하는 기업 경영진에게 상당히 고통스러울 뿐 아니라, 그만큼 익숙하다.

이제는 "내가 상사니까"라는 말이 직원들에게 통하지 않는다. 이런 사고방식을 비하하고 탓하려는 의도는 없다. 하지만 자기가 상사임을 내세우는 태도는 교차 기능 팀(서로 다른 전문 지식을 갖추거나 다른 부서에서 온 사람들로 이뤄진 팀—옮긴이)과 합작 투자, 회사 간 파트너십으로 권위의 경계가 모호해진 세상에 어울리지 않는다. 이런 환경에서는 공식적인 권력 구조보다 설득의 기술이 다른 사람의 행동에 훨씬 더 큰 영향력을 발휘한다.

설득의 기술이 그 어느 때보다 필요하다. 그런데 가장 뛰어난 설득의 기술을 발휘하는 사람이 가르쳐주지 못한다면 어떻게 할까? 그럴 때는 과학의 힘을 빌려야 한다. 지난 50년 동안 행동과학자들은 특정 상호작용이 사람들의 양보와 순응, 변화를 이끌어내는 방식에 초점을 맞추는 실험을 해왔다. 인간의 마음속 깊이 내재한 동기와 욕구에 호소할 때 설득이 일어나며, 이 양상은 예측 가능한 방식으로 드러난다는 연구 결과가 있다. 즉, 설득은 가르치고 배우고 적용하는 기본 원칙의 지배를 받는다. 경영진은 이런 원칙을 숙지해 합의를 이끌어내고, 거래를 성사시키고, 양보를 얻어내는 사업 현장에 과학적 엄격함을 불어넣는다. 이 글에서는 설득의 6가지 기본 원칙을 설명하고, 경영진이 각자 조직에 적용할 몇 가지 방법을 제안한다.

호감의 원칙

사람들은 자기를 좋아하는 사람을 좋아한다.

적용 방법

진정한 유사점을 발견하고 진심 어린 칭찬을 건네라.

'타파웨어 파티'로 알려진 소매업 현상은 호감의 원칙이 작동하는 대표적 사례다. 타파웨어 제품 시연 파티는 개인, 대체로 여자가 주최하며, 호스트는 친구와 이웃, 친척 등을 집으로 초대한다. 이런 경우에는 호스트를 향한 손님의 애정이 구매로 이어진다. 이는 1990년 시연 파티에서 이뤄진 구매 결정에 대한 연구에서 확인되었다. 조너선 프렌즌Jonathan Frenzen과 해리 데이

비스Harry Davis는 〈소비자 연구 저널Journal of Consumer Research〉
에 기고한 논문에서, 제품에 대한 호감보다 호스트를 향한 호감
이 손님의 구매 결정에 2배 더 영향을 미친다고 밝혔다. 타파웨
어 파티에 참석한 손님은 단순히 자기 기분만 좋아지기 위해서
가 아니라, 호스트의 기분도 좋아지게 하려고 제품을 구매한다.

타파웨어 파티의 진실은 사업 전반에 적용된다. 사람들에게
영향을 미치고 싶다면 친구를 사귀어라. 어떻게? 통제 연구를
통해 호감을 높이는 몇 가지 요인이 밝혀졌는데, 특히 유사성과
칭찬이 두드러진 요인이다. 유사성은 말 그대로 비슷한 사람들
끼리는 서로 끌어당긴다는 의미다. 1968년 〈성격학 저널Journal
of Personality〉에 실린 한 실험에서 참가자들은 서로 정치적 신
념과 사회적 가치를 공유한다는 사실을 알고난 뒤에 물리적으
로 더 가까워졌다고 밝혔다. 그리고 1963년 〈미국 행동과학자
American Behavioral Scientists〉에 실린 논문에서 F. B. 에번스F. B.
Evans는 보험 회사 기록의 인구통계학적 데이터를 사용해 나이,
종교, 정치, 심지어 흡연 습관까지 자신과 비슷한 영업사원에게
보험을 구매할 의향이 더 높아진다는 사실을 입증했다.

관리자는 최근 입사한 직원과 다른 부서장, 심지어 새로운 상
사와의 유대감을 형성하기 위해 유사성 요인을 활용할 수 있다.
예를 들어, 평일 비공식적인 대화를 통해 취미와 대학 농구 팀,
시트콤 〈사인필드Seinfeld〉 등 적어도 하나 이상의 공통적 즐거

움을 발견할 기회를 만든다. 여기서 포인트는 초기에 유대감을 형성하는 것이다. 그래야 이후 다른 만남에서 호의와 신뢰가 구축되어 있다고 가정할 수 있다. 설득하려는 사람들이 이미 호의적이라면 새로운 프로젝트에 대한 지지를 얻기가 훨씬 쉽다.

애정의 또 다른 확실한 원천인 칭찬은 사람을 매료시키기도 하고 무장해제시키기도 한다. 노스캐롤라이나 대학교 연구진은 〈실험 사회심리학 저널Journal of Experimental Social Psychology〉에 기고한 논문에서 남성들은 비록 그 말이 사실이 아니더라도 노골적으로 아첨하는 사람에게 가장 큰 관심을 느낀다는 사실을 밝혀냈다. 엘런 버셰이드Ellen Berscheid와 일레인 햇필드 월스터Elaine Hatfield Walster는 공저《대인 매력Interpersonal Attraction》(1978)에서 다른 사람의 특성과 태도 또는 성과에 대해 긍정적인 말을 하면, 그 대가로 호감이 생길 뿐 아니라 칭찬하는 사람의 바람에 기꺼이 순응하는 효과까지 생긴다는 실험 데이터를 제시했다.

유능한 관리자는 칭찬을 활용해 유익한 관계를 구축하는 것 외에도 손상되거나 비생산적인 관계를 회복한다. 자신이 조직 내에서 적당한 규모의 팀장이라고 상상해보라. 업무상 다른 팀장(댄이라고 하겠다)과 자주 접촉하는데, 당신은 이 팀장을 좋아하지 않는다. 댄은 아무리 잘해줘도 반응이 떨떠름하다. 게다가 댄은 당신이 그를 위해 최선을 다한다고 믿지 않는 것 같다. 당신은 댄이 당신의 능력과 호의를 신뢰하지 않고 매사에 시큰둥하다는 점에 화가 난다. 안 되는 줄 알면서도 그와 업무적으로 필요한 만큼 충분히 시간을 보내지 않는다. 결과적으로, 그의 팀과 당신의 팀 모두 성과가 저하된다.

칭찬에 관한 연구에서는 이런 관계를 개선하기 위한 전략을 제시한다. 찾기 어려울 수도 있지만, 자기 부서 직원들에게 보이는 관심, 가족을 향한 헌신 또는 단순히 업무 윤리 등 댄에게도 존경할 만한 특징이 있을 것이다. 다음번에 마주칠 때 그 특징을 칭찬하라. 그리고 그가 중요하게 여기는 것을 당신도 중요하게 여긴다고 명확히 밝혀라. 그러면 댄이 부정적 태도를 누그러뜨려, 당신의 능력과 호의를 전달할 계기가 마련될 것이다.

상호성의 원칙

사람들은 친절에 친절로 답한다.

적용 방법

받고 싶은 것을 줘라.

칭찬은 사람을 따뜻하고 부드럽게 만드는 효과가 있다. 댄도 사람들이 자신을 대하는 방식으로 그들을 대한나는 보편적인 인간의 성향을 따른다. 동료가 먼저 미소를 지어 나도 모르게 미소를 지었던 경험이 있다면, 이 원리가 어떻게 작동하는지 잘 알 것이다.

자선단체에서는 기금을 모금하는 데 도움을 받기 위해 상호성에 의존한다. 예를 들어, 미국상이군인회는 몇 년 동안 잘 만들어진 모금 편지 한 통을 사용해 18퍼센트라는 매우 높은 응답률을 기록했다. 하지만 이 단체가 봉투에 작은 선물을 동봉하자 응답률이 35퍼센트로 2배 가까이 증가했다. 맞춤형 주소 스티커라는 매우 소박한 선물이 잠재적 기부자들의 응답률을 높인 것이 아니라, 이전에 아무것도 받지 않았다는 점에서 차이를 느낀 것이다.

편지 효과 방식은 사무실에서도 통한다. 연말연시 공급업체들이 구매 부서에 선물을 쏟아붓는 것은 단순히 계절적 분위기를 반영해서만이 아니다. 1996년, 구매 관리자들은 〈잉크Inc.〉의 취재진에게 공급업체에서 선물을 받은 후, 받지 않았다면 거절했을 제품과 서비스를 기꺼이 구매했다고 인정했다. 선물은 또한 고객 유지에 놀라운 영향을 미친다.

나는 독자들에게 각자의 삶에서 상호성의 원칙을 겪은 사례가 있다면 적어 보내달라고 요청한 적이 있다. 오리건주 정부에서 일하는 한 독자는 편지에서 자신이 상사에게 헌신하는 이유를 다음과 같이 설명했다.

> 그분은 저와 제 아들에게 크리스마스 선물을 주고, 제 생일에도
> 선물을 줘요. 제가 일하는 분야에서는 따로 승진이 없고, 승진하
> 고 싶으면 다른 부서로 옮겨야 하지만, 저는 이직을 망설여요. 제
> 상사의 정년이 얼마 남지 않아 그분이 은퇴한 뒤에 이직할까 해
> 요……. 지금까지 저에게 너무 잘해주셨기 때문에 계속 남아야 한
> 다는 의무감이 들기도 하고요.

하지만 결국 선물을 주는 행위는 상호성의 원칙을 그저 서툴
게 적용한 사례 중 하나일 뿐이다. 사무실에서 긍정적인 태도와
생산적인 인간관계를 조성하려는 팀장이 이 원칙을 좀 더 세련
되게 활용하면 진정한 선점 우위 효과(업계에서 최초로 선보여 얻
는 이익-옮긴이)를 얻을 수 있다.

팀장이 동료와 직원들에게 행동으로 먼저 보여줘 원하는 행
동을 이끌어내는 방법도 있다. 신뢰감이든 협력이나 유쾌한 태
도든 자신이 다른 사람에게서 보고 싶은 행동이 있다면 먼저 모
범을 보여야 한다.

정보 전달과 자원 할당 문제에 직면한 팀장에게도 상호성의
원칙이 효과적이다. 마감일이 다가오는데 일손이 부족한 타 부
서에 가서 자기 부서 직원이 거들게 하면, 필요할 때 도움을 받

을 가능성이 무척 높아진다. 동료가 도움을 준 것에 감사 인사를 할 때 "별말씀을요, 도움이 되었다니 기쁩니다. 도움이 필요할 때 당신의 도움을 받는 것이 얼마나 중요한지 알거든요"라고 말한다면 가능성이 더욱 높아진다.

사회적 증거 원칙

사람들은 자기와 비슷한 타인의 선택을 따라간다.

적용 방법
가능할 때마다 또래 집단의 힘을 활용하라.

사회적 동물인 인간은 생각하고 느끼고 행동하는 방법에 대한 단서를 얻기 위해 주변 사람들에게 크게 의존한다. 1982년 〈응용심리학 저널Journal of Applied Psychology〉에서 처음 설명한 실험을 통해 이 사실이 증명되었다. 한 연구 팀이 사우스캐롤라이나주 컬럼비아에서 집집마다 방문해 자선 캠페인을 위한 기부를 요청하고, 이미 기부한 이웃 주민의 명단을 보여주었다. 연구진은 기부자 목록이 길수록 권유받은 사람도 기부에 참여할 가능성이 높아진다는 사실을 알아냈다.

기부를 부탁받은 사람들에게 목록에 있는 친구나 이웃의 이름은 자신이 어떻게 반응해야 하는지에 대한 일종의 사회적 증거였다. 하지만 목록에 있는 이름들이 무작위적이고 낯설었다면 증거로서 그다지 설득력이 없었을 것이다.

1960년대 〈성격 및 사회심리학 저널Journal of Personality and Social Psychology〉에 처음 소개된 한 실험에서 뉴욕시 주민들은 지갑을 습득할 경우 주인에게 돌려주라는 요청을 받았다. 이전에 다른 뉴욕 시민이 지갑을 돌려주려 한 적 있다는 사실을 알았을 때는 지갑을 돌려줄 가능성이 아주 높았지만, 외국에서 온 누군가가 지갑을 돌려주려 했다는 사실을 알았을 때는 결정이 바뀌지 않았다.

이 2가지 실험이 경영진에게 주는 교훈은 또래 집단의 설득이 매우 효과적이라는 점이다. 영업 전문가 대부분이 알고 있는 사실이 과학 연구나 설명을 통해 확인된 셈이다. 만족을 느낀 고객의 추천은 그 고객과 잠재 고객이 비슷한 상황을 공유할 때 가장 효과적이다.

이 교훈은 새로운 사업 제안으로 사람들을 설득해야 하는 상황에 직면한 팀장에게도 도움이 될 것이다. 팀장이 부서의 업무 절차를 간소화하려 한다고 가정해보자. 베테랑 직원 그룹이 이에 저항할 때, 팀장은 자신이 추진하려는 조치의 장점을 내세워 직원들을 직접 설득하는 것보다 팀에서 이 제안을 지지하는 고참 직원에게 지지 발언을 해달라고 요청하는 것이 더 효과적이다. 고참 직원의 말은 상사의 연설보다 그룹을 설득할 가능성이 훨씬 더 높다. 간단히 말해, 영향력은 수직적 관계에서보다 수평적 관계에서 훨씬 잘 발휘된다.

일관성의 원칙

사람들은 확실하게 밝힌 약속을 지키려 한다.

적용 방법

적극적이고 공개적이며 자발적인 약속을 받아내라.

호감은 강력한 힘을 지니지만, 설득하는 데는 단순히 사람들이 나, 나의 아이디어 또는 제품에 우호적인 감정을 느끼게 하는 것 이상의 효과가 필요하다. 사람들이 나를 좋아할 뿐만 아니라 내가 바라는 행동을 하게 만들어야 한다. 상대방이 내 부탁을 반드시 들어주게 만드는 방법 중 하나는 그 사람에게 호의를 베푸는 것이다. 그리고 다른 방법은 공개적인 약속을 받아내는 것이다.

내 연구에서 사람들은 대부분 일단 어떤 입장을 취하거나 그

입장을 지지한다는 기록을 남기면 계속 고수하기를 선호했다. 다른 연구 결과들도 이 연구를 뒷받침하며, 사소해 보이는 작은 약속이 향후 행동에 얼마나 강력한 영향을 미칠지 보여준다.

1983년 〈성격 및 사회심리학 회보Personality and Social Psychology Bulletin〉에 실린 이스라엘 연구진의 글에서는 그들이 대규모 아파트 단지 주민의 절반에게 장애인 레크리에이션 센터 건립을 지지하는 청원서에 서명해달라고 요청한 사례를 소개했다. 명분도 좋고 요청 금액도 적었기 때문에 요청받은 주민 거의 전부가 서명에 동의했다. 2주 후 장애인을 위한 '전국 기부의 날'을 맞아, 연구진은 단지 내 모든 입주민을 찾아가 기부를 요청했다. 그러자 청원서에 서명을 요청받지 않은 입주민 중에서 절반 조금 넘는 사람이 참여했는데, 놀랍게도 서명한 사람 중에서는 92퍼센트가 기부에 동참했다. 입주민들은 적극적이고 공개적이며 자발적으로 약속했기 때문에 이 약속을 지킬 의무를 느꼈다. 이 사례에 적용된 3가지 특징(적극적, 공개적, 자발적)은 살펴볼 만한 가치가 있다.

큰 소리로 말하거나 글로 적는 등 어떤 방식으로든 적극적으로 한 선택은 그런 선택을 하지 않은 경우보다 추후에 행동으로 이어질 가능성이 훨씬 더 높다는 강력한 경험적 증거가 있다. 1996년 〈성격 및 사회심리학 회보〉에 실린 글에서 델리아 치오피Delia Cioffi와 랜디 가너Randy Garner는 대학생을 두 그룹으로 나눠 실험을 했다. 한 그룹에는 공립학교를 대상으로 한 에이즈 교육 프로젝트에 자원봉사하고 싶다는 의사를 직접 밝힌 서류를 제출하게 했다. 그리고 다른 그룹에는 자원봉사에 대한 항목을 빈칸으로 남겨두게 했는데, 이는 같은 프로젝트에 참여하지 않겠다는 뜻이었다. 며칠 후 프로젝트에 참여한 자원봉사자의 74퍼센트는 서류를 작성할 때 참여 의사를 표시한 그룹 학생이었다.

부하직원에게 특정 행동 방침을 따르도록 설득하려는 팀장에게 이와 같은 일관성의 원칙이 시사하는 바는 분명하다. 필요한 행동방침에 따르겠다는 직원의 의사를 서면으로 작성하게 하는 것이다. 직원이 적절한 시기에 보고서를 제출하게 하려면 그 직원에게 결정사항을 요약해서 보내달라고 요청하라. 일반적으로 사람들은 자신이 적어놓은 사항을 지키기 때문에, 이렇게 하면 직원이 약속을 지킬 가능성이 매우 높아진다.

약속의 사회적 차원에 대한 연구에서, 글로 쓴 진술은 공개될 때 더욱 강력한 힘을 발휘한다는 사실이 밝혀졌다. 1955년 〈이상 및 사회심리학 저널Journal of Abnormal and Social Psychology〉에 실린 고전적인 실험에서 대학생들은 화면에 보이는 선의 길이를 추측하라는 요청을 받았다. 어떤 학생들은 종이에 추측값을 적고 서명한 후 실험자에게 종이를 건네줘야 했다. 다른 학생들은 칠판에 추측값을 적은 다음 즉시 지우게 했다. 또 다른 학생들은 추측값을 혼자만 알고 있으라는 지시를 받았다.

그런 다음 실험자들이 세 그룹 모두에게 처음 선택이 잘못되었을 수 있다는 증거를 제시할 경우, 머릿속으로만 결정 내린 그룹이 원래 추측값을 재고할 가능성이 가장 높았다. 이 그룹보다 첫 번째 추측에 더 충실한 그룹은 추측값을 적었다가 즉시 지운 학생들이었다. 원래 선택에서 벗어나기를 가장 꺼린 그룹은 서명한 후 연구진에게 전달한 그룹이었다.

이 실험은 사람들이 대부분 다른 사람들에게 일관성 있게 보이기를 얼마나 원하는지 잘 보여준다. 보고서를 늦게 제출하는 직원의 문제로 다시 돌아가보자. 일관성을 지키려는 욕구의 힘을 인식하고, 시간을 잘 지킬 필요성을 성공적으로 전달했다면, 서면으로 한 진술을 공개해 약속을 강화해야 한다. 이를 위해 직원에게 "당신의 계획이 우리에게 딱 필요하다고 생각해요. 제조 부서의 다이앤과 운송 부서의 필에게 보여주니 그들도 목표에 잘 맞는다고 생각하더군요"라는 식으로 이메일을 보내는 것도 좋다. 약속을 어떤 방식으로 공식화하든, 사람들이 혼자 세웠다가 아무도 모르게 포기하는 새해 결심처럼 되게 해서는 절대 안 된다. 공개적으로 작성하고 눈에 띄게 게시하라.

300여 년 전 새뮤얼 버틀러Samuel Butler는 "하기 싫은 일을 마지못해서 하는 사람은 아직 자신의 의견을 표현하지 않은 사람이다"라는 말로, 자발적인 약속이어야 오래 유지되고 효과적이라는 점을 간결하게 설명했다. 외부에서 강요하고 억지로 시키거나 부과한 약속은 부담일 뿐이다.

상사가 당신에게 특정 정치 후보의 선거 운동에 기부하라고 압박한다면 어떨지 생각해보라. 투표함이라는 사적 공간에서 그 후보를 지지할 가능성이 더 높아질까? 아마 그렇지 않을 것이다. 실제로 1981년에 샤론 브렘Sharon S. Brehm과 잭 브렘Jack W. Brehm은 《심리적 반발Psychological Reactance》에서 이 같은 경우 상사의 강요에 대한 반발심으로 반대로 투표할 수도 있다는 데이터를 제시했다.

이런 종류의 역효과는 사무실에서도 생길 수 있다. 능장을 부리는 직원의 이야기로 다시 돌아가보자. 그의 행동에 지속적인 변화를 주고 싶다면, 그의 협조를 구하기 위해 위협이나 압박이라는 전술을 사용하지 마라. 이 직원이 자기 행동의 변화가 개인적 노력이라기보다 협박의 결과라고 생각할 가능성이 높기 때문이다. 직원이 직장에서 진정으로 중요하게 생각하는 것, 예를 들어 우수한 작업 기술이나 어쩌면 팀 분위기 같은 요소를 파악한 다음 제때 보고하는 것이 이런 가치와 어떻게 일치하는지 설명하는 방식이 더 효과적이다. 그러면 직원이 자발적으로 행동할 개선의 이유가 생긴다. 자발적인 행동이기 때문에 그 직원은 상사가 지켜보지 않을 때도 꾸준히 변화된 행동을 유지할 것이다.

설득 전문가, 마침내 안전해지다

수십 년에 걸친 행동과학자들의 경험적 연구 덕분에 이제는 설득 방법과 이유에 대해 광범위하고 깊고 세밀하게 이해할 수 있다. 하지만 설득이라는 주제를 처음 연구한 것은 행동과학자들이 아니다. 설득 연구의 역사는 유서 깊고 명예로우며, 수많은 영웅과 순교자를 배출했다.

사회 영향력 분야의 저명한 연구자 윌리엄 맥과이어william McGuire는 《사회심리학 핸드북Handbook of Social Psychology》3판(1985)에서 4,000년이 넘는 서양 역사 가운데 설득 연구가 핵심 분야로 주목받은 적이 네 번 있다고 주장한다. 고대 아테네의 페리클레스 시대, 로마 공화정 시대, 유럽 르네상스 시대, 그리고 대규모 광고와 정보, 대중매체 캠페인의 출현과 함께 시작했다가 막을 내린 최근 수백 년 동안이다. 과거 세 번의 시대에 체계적인 설득 연구의 꽃을 피우던 인류의 역사는 설득의 대가들이 정치적 압제로 목숨을 잃으면서 몇 번이나 중단되었다. 철학자 소크라테스는 설득 전문가 중 권력에 맞서 싸운 인물로 가장 잘 알려져 있다.

설득 과정에 대한 정보는 정치 당국이 통제하는 권력과 완전히 분리된 권력의 기반을 만들기 때문에 위협이 된다. 이전 세기 통치자들은 교묘하게 만들어진 언어, 전략적으로 배치된 정보, 가장 중요한 심리적 통찰력 등 국가 원수가 독점할 수 없는 힘을 활용하는 방법을 깊이 이해하는 소수의 인재를 망설임 없이 제거했다.

설득 전문가들이 더 이상 정치권력을 휘두르는 사람들의 위협에 직면하지 않는다고 주장한다면 인간 본성에 대한 지나친 믿음일 수 있다. 하지만 설득에 대한 진실은 더 이상 뛰어난 영감을 받은 몇몇 사람의 소유물이 아니기 때문에 아마 이 분야 전문가들은 좀 더 편안하게 지낼 것이다. 실제로 대다수 권력자는 권력을 유지하는 데 관심이 많으므로 설득 기술을 폐지하기보다 습득하는 데 더 관심을 가질 가능성이 높다.

권위의 원칙

사람들은 전문가를 신뢰한다.

적용 방법

자신의 전문성을 드러내되, 그것으로 충분하다고 여기지 마라.

2,000년 전 로마의 시인 베르길리우스는 올바른 선택을 하려는 사람들에게 다음과 같이 조언했다.

"전문가를 믿어라."

좋은 조언일 수도 있고 아닐 수도 있지만, 사람들의 실제 행동 양상을 이보다 더 정확하게 설명할 수는 없을 것이다. 예를 들어, 뉴스 미디어에서 어떤 주제에 대해 인정받는 전문가의 견해를 제시할 때 여론에 미치는 영향은 매우 크다.

1993년 〈계간 여론 조사Public Opinion Quarterly〉에서는 〈뉴욕 타임스New York Times〉에서 전문가 의견을 제시한 뉴스 기사 한 건이 전국적으로 2퍼센트의 여론 변화와 관련 있다고 밝혔다. 1987년 〈미국 정치학 리뷰American Political Science Review〉에 실린 연구진의 글에서는 전문가의 견해가 전국 텔레비전에서 방영될 때 여론이 4퍼센트까지 변화했다는 사실을 발견했다.

냉소적인 사람은 이런 결과가 대중의 순하고 고분고분한 성향을 보여줄 뿐이라고 주장할지도 모른다. 그러나 복잡한 현대 생활에서는 우리가 신중하게 선택한 전문가가 좋은 결정을 내리는 데 귀중하고 효율적인 지름길을 제공하는 것이 더욱 공정하다고 할 수도 있다. 실제로 법률과 재정, 의료와 기술 등 특정 분야의 질문에 답하기 위해서는 상당한 전문 지식이 필요하기 때문에 전문가에게 의존할 수밖에 없다.

전문가의 조언을 구하는 데는 그럴 만한 이유가 있으므로, 경영진은 영향력을 행사하기 전에 스스로 전문성을 확보하기 위해 노력해야 한다. 사람들은 놀랍도록 자주 다른 사람이 자기 경험을 인정하고 높이 평가할 거라고 착각하곤 한다.

여러 동료가 함께 상담하던 한 병원에서도 이런 일이 있었다. 물리치료사들은 아주 많은 뇌졸중 환자가 퇴원하자마자 운동 루틴을 포기하는 바람에 좌절감에 빠졌다. 직원들이 집에서 하는 규칙적인 운동의 중요성을 아무리 강조해도, 실제로 신체의 독립적 기능을 회복하는 과정에서 운동 루틴이 매우 중요하다는 메시지는 제대로 전달되지 않았다.

몇몇 환자와의 인터뷰는 문제를 정확히 파악하는 데 도움이 되었다. 환자들은 담당 의사의 배경과 교육에 대해서는 잘 알고 있었지만, 운동을 권유하는 물리치료사의 자격에 대해서는 거의 알지 못했다. 이렇게 정보가 부족한 상황을 해결하는 방법은 간단했다. 치료 담당자에게 치료실 벽에 물리치료사의 수상 경력과 졸업장, 자격증을 게시해달라고 요청했을 뿐이다. 그런데 결과는 놀라웠다. 환자들이 집에서 운동하는 비율이 34퍼센트나 증가했고, 그 후 단 한 번도 떨어지지 않았다.

우리는 더 많은 환자가 물리치료사의 지시를 따랐다는 사실뿐 아니라, 지시를 따르게 한 방식에도 무척 만족했다. 환자들을 속이거나 위협하지 않았다. 환자들이 물리치료사의 조언을 따르도록 그들에게 필요한 정보를 제공했을 뿐이다. 그 과정에서 시간이나 자원을 낭비할 필요도 없었고, 무언가를 발명할 필요도 없었다. 직원들의 전문성은 진짜였고, 그저 전문성을 더 잘 보이게 했을 뿐이다.

전문성을 입증하려는 팀장에게 주어진 과제는 이보다 좀 더 까다롭다. 단순히 졸업장을 벽에다 걸어놓고 다른 사람들이 전부 알아볼 때까지 기다릴 수는 없다. 더욱 세련된 기술이 필요하다. 미국 외 지역에서는 사람들이 처음 업무를 시작하기 전에 흔히 편하게 대화하는 자리를 마련한다. 회의나 협상 전날 밤에 저녁 식사를 하는 경우가 많다. 이런 자리는 토론을 더 수월하게 하고 의견 차이를 좁히는 데 도움이 되며(호감도와 유사성에 대한 결과를 명심하라), 전문성을 쌓는 기회를 제공하기도 한다. 어쩌면 그 자리에서 다음 날 회의 안건으로 상정된 내용과 유사한 문제를 성공적으로 해결한 일화를 언급할 수도 있다. 아니면 저녁 식사 시간에 자신의 복잡한 전문 분야를 터득하기까지 수년

간 들인 노력을 허심탄회하게 풀어놓을 수도 있다. 단, 거들먹거리지 않고 자연스럽게 이야기를 주고받아야 한다.

물론 이처럼 느긋하게 서로를 소개하는 자리가 항상 주어지는 것은 아니다. 하지만 대부분 회의를 시작하기 전에 일상적인 화제를 주고받으면서 자신의 적절한 배경과 경험을 가볍게 언급할 기회는 항상 있다. 이처럼 미리 개인적인 정보를 밝히면 전문성을 입증할 기회가 제공되므로, 본격적으로 사업 논의를 할 때도 존중받을 수 있다.

희소성의 원칙

사람들은 더 적게 있는 것일수록 더 많이 원한다.

적용 방법
유일무이한 혜택과 독점적인 정보를 강조하라.

여러 연구에서 물건과 기회는 접근하기 어려울수록 더 가치가 높아진다는 사실이 밝혀졌다. 관리자에게는 대단히 유용한 정보다. 비슷한 조건의 여러 선택지가 있을 때 제한된 시간과 제한된 공급, 유일무이한 제안이라는 희소성의 원칙을 활용할 수 있기 때문이다. 상사가 장기 휴가를 떠나기에 앞서 동료에게 상사의 마음을 사로잡을 절호의 기회가 얼마 남지 않았다고 솔직하게 알려주면 극적인 행동을 이끌어낼 수 있다.

또 관리자는 소매업자로부터 이득이 아니라 손실의 관점에서 제안을 구상하는 방법을 배울 수 있다. 사람들에게 이득이 아니라 정보에 따라 행동하지 않을 때 잃을 손실을 일깨우는 것이다. '손실의 언어loss language'의 힘은 1988년 〈응용심리학 저널〉에 실린 캘리포니아 주택 소유자들을 대상으로 한 연구에서 입증되었다. 이들 중 절반은 집에 단열 공사를 하면 매일 일정 금액을 절약한다는 말을 들었다. 나머지 절반은 공사를 하지 않으면 매일 해당 금액만큼 손해 본다는 말을 들었다. 그 결과, 손실의 언어에 노출되었을 때 훨씬 더 많은 사람이 단열 공사를 시행했다. 사업에서도 같은 현상이 나타났다. 1994년 〈조직 행동 및 인간 의사 결정 절차Organizational Behavior and Human Decision Processes〉에 실린 연구에서, 관리자의 의사 결정에서도 잠재적 손실이 잠재적 이익보다 훨씬 더 큰 영향을 미치는 것으로 밝혀졌다.

경영진은 제안을 구상할 때 널리 알려진 데이터보다 독점적인 정보가 더 설득력 있다는 사실 역시 기억해야 한다. 내가 지도한 박사 과정 학생 암람 크니신스키Amram Knishinsky는 1982년 소고기 도매 구매자들의 구매 결정에 관한 논문을 썼다. 그는 해외의 특정 기상 조건으로 인해 가까운 미래에 외국산 소고기가 부족할 수 있다는 말을 들었을 때 구매자들의 주문량이 2배 이상 증가했음을 발견했다. 그런데 다른 이들은 아직 그 정보를 모른다고 말하자 주문량이 6배 증가했다.

널리 알려지지 않았고 조직에서 채택하기를 원하는 아이디어나 계획을 뒷받침하는 정보를 입수한 팀장은 독점에서 비롯되는 설득의 힘을 활용할 수 있다. 다음에 그런 종류의 정보를 입수하면 조직의 핵심 관계자들을 불러모아라. 정보 자체가 지루하더라도 독점적인 정보라면 특별한 효과를 발휘할 것이다. 독점적 정보와 관련된 보고서를 책상에 올려놓고 이렇게 말하라.

"방금 이 보고서를 받았어요. 다음 주에 배포할 예정인데, 미리 보여드리고 싶어서요."

그런 다음 청중이 고개를 앞으로 쭉 빼는 모습을 지켜보라.

여기서 한 가지 분명한 사실을 공개하겠다. 독점적 정보를 제공하거나 지금 행동하지 않으면 이 기회를 영원히 놓칠 거라고 권유하는 일은 진심이 아닌 경우 해서는 안 된다. 동료를 속여 자기 의견을 따르게 하는 것은 윤리적으로 문제가 될 뿐 아니라 어리석은 일이다. 속임수가 발각되면(발각될 것이 분명하다) 애초에 불타올랐던 모든 열정이 꺼지고 속이는 사람이 부정직하다는 이미지를 불러일으킬 수 있다. 상호성의 법칙을 명심하라.

6가지 설득의 원칙이 효과를 보려면

앞에서 소개한 6가지 설득의 원칙은 난해하지도 모호하지도 않다. 사람들이 정보를 평가하고 의사 결정을 하는 방식에 대해 우리가 직관적으로 이해한 내용을 간단히 정리한 것이다. 따라서 심리학 정규 교육을 받지 않았더라도 대부분 쉽게 이해할 것이다. 내가 진행하는 세미나와 워크숍을 통해 특히 다음 2가지 요점을 거듭 강조해야 한다는 사실을 알았다.

첫째, 더욱 효과를 보려면 6가지 원칙을 함께 적용해야 한다. 예를 들어, 전문성의 중요성에 대해 논의할 때 나는 관리자가 비공식적이고 사회적인 대화를 통해 자신의 자격을 증명할 것을 제안했다. 이런 대화는 정보를 얻을 뿐 아니라 전달할 기회도 제공한다. 함께 저녁 식사하는 상대에게 사업상 필요한 기술과 경험을 갖췄음을 보여주는 동시에, 상대방의 배경과 좋아하는 것, 싫어하는 것을 알면 진정한 유사점을 찾아내고 진심 어린 칭찬을 하는 데 도움이 된다. 자신의 전문성을 드러낼 뿐 아니라 친밀감까지 형성하면 설득력이 배가된다. 그리고 상대를 설득하는 데 성공하면, 사회적 증거의 설득력 덕분에 다른 사람도 동참하도록 유도할 수 있다.

둘째, 사회적 영향력의 과학에도 윤리 규칙이 적용된다. 다른 사람을 속이거나 함정에 빠뜨려 동의를 얻어내는 태도는 윤리적으로 좋지 않을 뿐만 아니라, 실용적인 측면에서도 바람직하지 않다. 부정직하거나 강압적인 전술은 단기적 효과만 있을 뿐이다. 특히 신뢰와 협력이 바탕에 깔리지 않으면 원하는 성과를 거둘 수 없는 조직 내에서 장기적으로 악영향을 미친다.

내가 진행한 교육 워크숍에서 대형 섬유 제조업체 팀장이 들려준 이야기는 이런 사실을 생생하게 보여줬다. 그녀는 회사의 한 부사장이 매우 교묘한 방식으로 팀장들의 공적인 약속을 끌어냈다고 설명했다. 그 부사장은 부하직원들에게 자기 제안에 대해 신중하게 논의하거나 검토할 시간을 주지 않고, 업무 중 가장 바쁜 순간 개별적으로 접근해 인내심의 한계를 시험하며 계획의 이점을 시시콜콜 늘어놓았다. 그런 다음 결정적으로 한마디 던졌다.

"당신이 이번 일로 우리 팀에 합류하는 게 저에게는 매우 중요해요. 저를 지지한다고 믿어도 될까요?"

위축되고 당황한 팀장들은 당장 그를 사무실에서 내보내고 다시 일하기 위해 그의 요청에 응하곤 했다. 그러나 그 약속은 전혀 자발적이지 않았기 때문에 팀장들은 결코 부사장의 뜻을 따르지 않았고, 그 결과 부사장의 계획은 전부 실패로 돌아가거나 시들해졌다.

이 이야기는 워크숍에 참석한 다른 참가자들에게 깊은 영향을 미쳤다. 어떤 참가자들은 자신이 했던 행동이 이와 유사함을 알아차리고 충격에 휩싸였다. 하지만 모두를 서늘하게 만든 것은 상사의 제안이 참담하게 실패한 사례를 이야기하는 팀장의 표정이었다. 그녀는 미소를 짓고 있었다.

사회적 영향력의 원칙을 거짓으로 혹은 강제로 사용하는 것이 윤리적으로, 그리고 실용적으로 잘못되었다는 점을 이보다 더 효과적으로 지적할 수는 없을 것이다. 그러나 동일한 원칙을 적절히 적용하면 올바른 의사 결정을 이끌어낼 수 있다. 합법적인 전문 지식과 진실한 의무감, 진정한 유사성과 실질적인 사회적 증거, 독점적 정보와 자발적 약속은 양측 모두에게 이익이 되는 선택을 이끌어낼 수 있다. 모두에게 이익이 되는 접근 방식이라면 무엇이든 충분히 좋은 사업이라고 할 수 있지 않을까?

로버트 치알디니 Robert B. Cialdini는 애리조나 주립대학교 심리마케팅학과 석좌교수다. 40여 개 언어로 출간 번역된 비즈니스의 고전 《설득의 심리학Influence》(2023, 21세기북스)을 비롯해 《설득의 논리학Logic of Persuasion》(2020, 웅진지식하우스), 《설득의 기술 The Persuasive Leader》(2009, 21세기북스) 등을 집필해 '설득의 대부'로 불린다.

설득의 효과를 높이는 6가지 원칙

리더십의 가장 기본적인 요소가 다른 사람을 통해 일을 완수하는 것이라면, 설득은 리더의 필수 도구 중 하나다. 수많은 경영진은 이 도구가 카리스마 있고 웅변 능력이 뛰어난 사람만 사용할 수 있어, 자기와 거리가 멀다고 생각해왔다. 하지만 지난 수십 년 동안 실험심리학자들은 어떻게 하면 사람들의 인정과 순응, 변화를 확실하게 이끌어낼 수 있는지 알아냈다.

그들의 연구에서, 설득은 가르치고 적용할 수 있는 몇 가지 원칙의 지배를 받는다는 것이 확인되었다.

첫째, 사람들은 자기와 비슷한 사람을 따를 가능성이 더 높다. 따라서 현명한 팀장은 자기 주장을 설득하도록 도와줄 동료를 구해야 한다.

둘째, 사람들은 자기와 같은 사람뿐만 아니라 자기를 좋아하는 사람에게 기꺼이 협조한다. 따라서 진정한 유사점을 발견하고 진심 어린 칭찬을 제공하는 데 시간을 투자할 가치가 있다.

셋째, 사람들은 다른 사람이 자기를 대하는 방식으로 그 사람을 대하는 경향이 있다. 따라서 호의를 구하기 전에 먼저 호의를 베푸는 것이 안전한 방침이다.

넷째, 사람들은 자발적으로 분명하게 한 약속을 지킬 가능성이 더 높다. 따라서 서면으로 약속을 받는 편이 좋다.

다섯째, 사람들은 전문가를 신뢰한다. 따라서 경영진은 영향력을 행사하기 전에 좀 더 확고한 전문성을 만들기 위해 노력해야 한다.

마지막으로, 사람들은 희소성 있는 제품을 더 원한다. 따라서 널리 알려진 데이터보다 독점적 정보가 더 설득력 있다.

경영진이 이런 원칙을 철저히 익혀 신중하고 윤리적으로 사용하면 직원들을 사로잡고, 결정을 내리지 못한 사람의 마음을 흔들며 반대파도 설득할 수 있다.

설득의 원칙을 사업에 적용하기

설득의 원칙

원칙	사례	사업에 적용하는 방법
호감: 사람은 자기와 비슷한 사람을 좋아하고, 자기를 좋아하는 사람을 좋아한다.	타파웨어 파티에서는 제품에 대한 호감도보다 호스트를 향한 손님의 호감도가 구매 결정에 2배나 더 영향을 미친다.	**사람들에게 영향을 미치려면 다음을 활용해 친구를 사귀어라.** • 유사성: 새로운 동료와 상사, 직속 부하직원과 비공식적으로 공통 관심사를 발견해 초기에 유대감을 쌓으면 호의와 신뢰감이 형성된다. • 칭찬: 매력이 커지고 상대방을 무장해제시킨다. 다른 사람에 대해 긍정적인 발언을 하면 더 많은 순응을 이끌어낸다.
상호성: 사람은 친절에 친절로 답한다.	미국상이군인회에서 기금 모금 봉투에 맞춤형 주소 스티커를 무료로 동봉했더니 응답률이 2배 가까이 증가했다.	**받고 싶은 것을 줘라.** 도움이 필요한 동료에게 일손을 빌려주면 나중에 도움을 받는다.

FOR BUSINESS STUDENTS

원칙	사례	사업에 적용하는 방법
사회적 증거: 사람은 자기와 비슷한 타인의 모범을 따른다.	한 뉴욕 시민이 습득한 지갑을 돌려줬다는 사실을 안 뒤 더 많은 뉴욕 시민이 지갑을 돌려주려 했다.	**또래 집단의 힘을 활용해 수직적 영향력이 아니라 수평적 영향력을 미쳐라.** 예를 들어, 베테랑 직원이 저항할 경우 존경받는 '고참'에게 새로운 활동을 지지해달라고 요청한다.
일관성: 사람은 서면으로 쓴 공적이고 자발적인 약속을 더 이행하려 한다.	장애인 레크리에이션 센터 건립을 지지하는 청원서에 서명한 어느 아파트 단지 주민의 92퍼센트가 나중에 이와 관련된 운동에 기부했다.	**다른 사람들의 적극적이고 공개적이며 자발적인 약속을 유도하라.** 보고서를 제때 제출해야 하는 직원을 감독하는 경우 서면(메모)으로 이해를 구하고, 약속을 공개하며(메모에 대한 동료들의 동의 기록), 그 약속을 직원이 중요시하는 가치(약속 시간에 맞춘 보고가 팀 분위기에 미치는 영향 등)와 연결하라.
권위: 사람은 전문적인 정보가 필요한 의사 결정에서 지름길을 제시하는 전문가를 신뢰한다.	TV를 통해 방영되는 〈뉴욕 타임스〉의 전문가 의견이나 뉴스 기사 한 편이 미국 여론의 4퍼센트를 변화시킨다.	**자기 전문성으로 충분하다고 착각하지 마라.** 대신, 새로운 동료나 파트너와 사업하기 전에 자기 전문성을 확고하게 구축하라. 예를 들어, 중요한 회의 전 대화에서 안건과 유사한 문제를 어떻게 해결했는지 설명하라.

원칙	사례	사업에 적용하는 방법
희소성: 사람은 희귀한 것을 중시한다.	앞으로 외국산 소고기가 부족해질 거라는 정보만으로도 소고기 구매자의 주문량이 600퍼센트 급증했다.	**독점적 정보를 활용해 설득하라.** 예를 들어 다음과 같이 말해 주요 관계자의 관심을 끌고 집중시켜라. "방금 이 보고서를 받았어요. 다음 주에 배포할 예정인데, 미리 보여드리고 싶어서요."

끝내주게
멋진 강연을 하는 방법

크리스 앤더슨

약 1년 전, 동료들과 함께 케냐의 나이로비를 여행하던 중에 리처드 투레레Richard Turere라는 열두 살짜리 마사이족 소년을 만났다. 그의 가족은 광활한 국립공원 한편에서 가축을 기르는데, 가장 어려운 일 중 하나가 밤에 사자로부터 가축을 보호하는 거라고 했다.

리처드는 들판에 전등을 설치해도 사자들이 공격을 멈추지 않았지만, 햇불을 들고 들판을 걸어가면 사자가 멀찌감치 물러난다는 사실을 알았다. 어릴 때부터 전자제품에 관심이 많았던 그는 부모님의 라디오를 분해하는 등 혼자서 전자제품을 이해하는 방법을 익혔다. 이런 경험을 바탕으로 태양 전지판과 자동

차 배터리, 오토바이 표시등을 이용해서 순차적으로 켜졌다가 꺼지는 전등 시스템을 고안해, 사자들이 겁먹는 움직임을 찾아 냈다. 이 전등을 설치하자 사자들의 공격이 멈췄다. 곧이어 다른 마을에서도 리처드의 '사자 몰이 전등'을 설치하기 시작했다.

리처드의 이야기는 감동적이었고, TED 강연을 통해 더 많은 청중에게 전달할 만한 가치가 있었다. 하지만 얼핏 보기에도 리처드는 강연을 하기에 적합하지 않았다. 그는 무척 수줍음이 많고 영어 구사력에도 한계가 있었다. 자기 발명품을 설명할 때면 문장들이 마구잡이로 튀어나왔다. 솔직히 말해, 빌 게이츠Bill Gates, 켄 로빈슨Sir Ken Robinson, 질 볼트 테일러Jill Bolte Taylor와 같이 세련된 강연자들의 연설에 익숙한 1,400명의 사람을 앞에 두고 이처럼 서툰 10대 소년이 무대에 선 모습을 상상하기 어려 웠다.

하지만 리처드의 이야기가 너무나 매혹적이어서, 결국 그를 강연자로 초대했다. 2013년, 강연이 열리기 몇 달 전부터 함께 이야기를 구상하고, 적절한 도입부를 찾고, 간결하면서도 논리 적인 사건의 흐름을 짜기 위해 노력했다. 리처드는 자기 발명품 으로 케냐 최고 학교 중 한 곳에서 장학금을 받았고, 학교에서 실시간으로 여러 번 강연을 연습할 기회가 있었다. 그의 개성이 빛을 발할 정도로 자신감을 키우는 것이 중요했다.

마침내 롱비치에서 TED 강연이 시작되었을 때 리처드는 긴장한 기색이 역력했다. 하지만 오히려 그 덕분에 사람들이 말 한 마디 한마디에 집중하며 몰입해 리처드도 어느 순간 자신감이 생겼고, 그가 미소를 지을 때마다 청중은 녹아내렸다. 그가 강연을 마치자 즉석에서 기립 박수가 터져나왔다.

30년 전 첫 번째 TED 강연을 시작한 이래, 대중 앞에서 완전히 편안한 정치인과 음악가, TV 유명인부터 잘 알려지지 않은 학자와 과학자, 작가에 이르기까지 다양한 분야의 사람들이 강연을 해왔다. 그중 어떤 사람은 강연을 매우 불편하게 여겼다. 오랫동안 우리는 경험이 부족한 강연자가 사람들이 편안하게 즐길 만한 강연을 구상하고 연습하며 전달하도록 돕는 절차를 개발하기 위해 노력해왔다.

이 과정은 일반적으로 강연을 하기 6~9개월 전에 시작되며, 대본을 고안(및 수정)하고 리허설을 반복하며 상당히 미세한 조정을 거친다. 대중 연설의 기술이 실시간으로 진화를 거듭해서 접근 방식을 조정해왔지만, 그간 대중의 반응을 볼 때 우리의 기본 공식은 충분히 효과가 있다. 2006년 TED 강연을 온라인에 올리기 시작한 이래, 강연은 총 10억 회 이상 시청되었다.

이런 경험에 힘입어 나는 좋은 강연을 하는 능력은 얼마든지 코칭을 통해 향상될 수 있다고 확신한다. 몇 시간 만에 강연자의 콘텐츠와 전달 방식이 엉망진창인 상태에서 매혹적인 형태로 탈바꿈할 수 있다. 우리 팀의 경험은 TED에서 하는 18분 내

외의 짧은 형식에 초점을 맞추지만, 이를 통해 우리가 배운 교훈은 IPO 로드 쇼를 하는 CEO, 신제품을 공개하는 브랜드 매니저, 벤처 캐피털에 홍보하는 스타트업 등 다른 강연자에게도 유용하리라 믿는다.

이야기 구상하기

이야기할 만한 가치가 없으면 좋은 강연을 할 수 없다. 강연 준비에서는 말하고자 하는 내용의 개념을 정리하고 구상하는 것이 가장 중요하다.

인간은 이야기를 듣도록 만들어졌으며, 사람들의 참여를 유도하기에 가장 좋은 이야기 구조에는 은유가 풍부하다는 점을 누구나 알고 있다. 호소력 있는 강연은 청중을 여행에 데려가는 역할을 한다. 성공적인 강연은 작은 기적과도 같다. 강연이 끝난 후 사람들은 세상을 다르게 바라본다.

마치 여행과 같은 강연을 구상할 때는 어디서 시작하고 어디서 끝낼지 결정하는 것이 가장 중요하다. 적절한 출발점을 찾으려면 청중이 주제에 대해 이미 무엇을 알고 있는지, 그리고 그 주제에 대해 얼마나 관심 있는지 파악해야 한다. 자신보다 청중이 주제에 대해 더 잘 알고 더 관심이 많다고 가정하거나, 전문 용어를 자주 사용하거나 너무 진문적으로 이야기하기 시작하면 청중은 흥미를 잃는다. 가장 매력적인 강연자는 주제를 매우 빠르게 소개하고, 자신이 왜 그 주제에 깊은 관심을 가지는지 설명하며, 청중도 관심을 보여야 한다고 설득하는 데 탁월한 능력을 발휘한다.

강연 원고 초안에서 눈에 띄는 가장 큰 문제는 사람들이 너무 많은 내용을 다루려고 한다는 점이다. 한 번의 강연에 자신의 전체 경력을 요약할 수는 없다. 자신이 아는 내용을 전부 담으려고 하면 핵심적인 세부 사항을 다룰 시간이 부족하다. 청중이 주제에 익숙하다면 이해하겠지만 그 주제를 처음 접하는 사람에게는 그저 모호하게 느껴져 추상적인 언어 속에서 강연 자체가 사라져버린다.

자료와 서사의 완벽한 조합 찾기
– 낸시 두아르테

대부분의 강연은 보고서와 이야기 사이 어딘가에 놓여 있다. 보고서는 자료가 풍부하고 방대하며 유익한 정보를 담고 있지만 그리 매력적이지 않다. 이야기는 강연자가 청중과 소통하는 데 도움이 되지만, 청중이 사실과 정보를 원하는 경우도 많다. 훌륭한 강연자는 이야기와 정보를 케이크처럼 겹겹이 쌓아 올리며, 강연의 유형에 따라 필요한 재료가 다르다는 점을 이해한다.

보고서				이야기
문자 그대로,				극적,
정보 제공,				경험적,
사실적,				연상적,
철저함				설득적

연구 결과	재무 발표	제품 출시	VC(벤처 캐피털) 피치	기조연설
서면 보고서에 쓴 정보를 전달하는 것이 목표라면 문서 전체를 미리 청중에게 보내고 발표는 핵심 요점만 전달하는 것으로 제한하라. 조사 결과를 전부 반복하는 장문의 슬라이드는 보여주지 마라. 정말 관심 있는 사람이라면 누구나 보고서를 읽을 수 있으며, 그 외 사람들은 간결한 쪽을 높이 평가할 것이다.	재무 담당자는 데이터를 좋아하며, 세부 정보를 원한다. 그들의 분석적 욕구를 충족시키되, 감성적 측면에 호소할 서사를 추가하라. 그런 다음 핵심 요점을 시각적으로 제시해 담당자들이 숫자에서 의미를 찾도록 도와주라.	사양과 기능만 다루는 대신, 제품이 세상에 가져다주는 가치에 집중하라. 실제로 제품을 사용하는 방법과 그 제품이 삶을 변화시키는 이유를 보여주는 이야기를 하라.	VC와 30분 동안 회의에서 10분 이내에 아이디어를 설득력 있게 전달할 수 있는 깔끔하고 체계적인 이야기를 준비하라. 그런 다음 나머지 시간을 Q&A로 진행하라. 예상 질문을 뽑아 명확하고 간결한 답변을 연습하라.	대규모 행사에서 공식적인 연설은 청중을 변화 여정으로 이끌 중요한 기회다. 명확한 틀의 이야기를 활용하고 청중이 감정적으로 몰입하는 것을 목표로 삼아라.

FOR BUSINESS STUDENTS

아이디어를 구체적으로 설명하려면 구체적인 예시가 필요하다. 따라서 강연의 범위를 주어진 시간 내에 설명하고 예시를 통해 구체화하는 정도로 제한해야 한다. 우리가 제공하는 초기 피드백의 대부분은 너무 광범위하게 설명하려는 충동을 바로잡는데 목적이 있다. 대신 더 깊이 들어가라. 더 자세히 설명하라. 자기 전공 분야 전체에 관해 이야기하지 말고 자기만의 독특한 기여에 관해 이야기하라.

물론 내용의 의미를 지나치게 깊이 설명하거나 억지로 끌어내려 해도 강연을 망친다. 하지만 이럴 때는 해결책이 다르다. 청중이 충분히 지적인 존재임을 기억하라. 청중이 직접 몇 가지를 알아내게 하라. 청중 스스로 결론을 내리게 하라.

최고의 강연에는 추리 소설의 플롯과 유사한 서사 구조가 있다. 강연자는 문제를 제시하는 것에서 시작해 해결책을 찾는 과정을 설명한다. "아하" 하고 깨닫는 순간이 오면 청중의 관점이 의미 있는 방식으로 전환한다.

강연이 실패하는 경우는 대부분 강연자가 이야기를 제대로 구상하지 않았거나, 청중의 관심 정도를 잘못 판단했거나, 이야기를 제대로 전달하지 못했기 때문이다. 주제가 아무리 중요하더라도 서사 없이 무작정 나열하면 불만족스러운 결과가 나온다. 이야기에 아무런 진전도 없고, 무언가를 배운다는 느낌도 들지 않는다.

최근 참석한 에너지 학회에서 한 도시의 시장과 전직 주지사가 연달아 강연을 했다. 시장의 강연 내용은 기본적으로 자신의 도시가 수행한 인상적인 프로젝트 목록에 가까웠다. 마치 자랑처럼, 보고서나 재선을 위한 광고처럼 들려 금세 지루해졌다. 하지만 주지사는 연설할 때 자기 성과를 나열하지 않았다. 대신 아이디어를 공유했다. 물론 재임 시절 일화를 이야기하긴 했지만, 아이디어가 강연의 중심이었고 설명과 사례에 초점을 맞췄다(재미있기까지 했다).

주지사의 강연이 시장의 강연보다 훨씬 더 흥미로웠다. 시장은 자신이 얼마나 대단한 사람인지에 초점을 맞춘 반면, 주지사는 '여기 우리 모두에게 도움이 될 만한 매력적인 아이디어가 있다'는 점을 부각시켰다.

일반적으로 사람들은 자신이 조직이나 기관의 구성원이 아닌 이상 특정 조직이나 기관의 이야기에 큰 관심을 보이지 않는다. 새로운 아이디어와 이야기는 우리를 사로잡지만, 조직에 대한 언급은 지루하고 공감하기 어렵다. 사업가나 직장인들 모두 이 대목에 특히 주의해야 한다. 회사 자랑을 늘어놓지 말고 자신이 해결하고 있는 문제에 관해 이야기하라.

이야기 전달 계획 세우기

이야기 구상을 마쳤으면, 전달에 집중할 차례다. 강연 내용을 전달하는 방법에는 크게 3가지가 있다. 첫째, 원고나 텔레프롬프터를 보고 직접 낭독한다. 둘째, 내용 전체를 한 단어 한 단어 원고로 작성하는 대신 말할 내용을 주요 항목으로 구분해 정리한다. 셋째, 철저한 연습으로 단어 하나하나가 몸에 스며들도록 내용을 암기한다.

원고를 보고 읽거나 텔레프롬프터를 사용하지 마라. 그렇게 하면 청중과 거리가 생기고, 무언가 읽는다는 사실을 알고 나면 청중이 이야기를 받아들이는 방식이 바뀐다. 갑자기 친밀감이 사라지고 강연이 형식적으로 느껴진다.

TED에서는 일반적으로 모든 종류의 읽기 방식을 금지하지만, 몇 년 전 모니터 사용을 고집하는 한 남자에게 예외를 둔 적이 있다. 우리는 청중이 눈치채지 못하도록 강당 뒤쪽에 스크린을 설치했다. 강연자가 처음에는 자연스럽게 말했지만 곧 경직되었고, 사람들이 원고를 읽어준다는 사실을 깨달으면서 강연장 분위기가 끔찍할 정도로 가라앉았다. 그 결과 내용이 아주 좋았는데도 강연 평가는 좋지 않았다.

가장 인기 있는 최고의 TED 강연 중 상당수는 강연자가 한 마디 한 마디 외운 경우다. 중요한 강연인데 시간이 있다면 암기하는 것이 가장 좋다. 하지만 이에 관련된 작업을 과소평가해서는 안 된다.

가장 기억에 남는 강연자 중 한 명인 뇌 연구자 질 볼트 테일러는 직접 뇌졸중을 앓고 회복하기까지 8년 동안 자신이 배운 점에 관해 이야기했다. 이야기를 만들고 수많은 시간 동안 혼자 연습한 후, 청중 앞에서 수십 번 리허설을 하며 이야기를 확실히 전달하기 위해 노력했다.

물론 모든 강연에 이렇게 많은 시간을 투자할 가치가 있는 것은 아니다. 하지만 내용을 암기하기로 결정했다면, 학습 곡선에 아치 구간이 있음을 예상해야 한다. 사람들은 대부분 내가 '어색함의 계곡valley of awkwardness'이라고 부르는 단계를 거친다. 아직 강연 내용을 완전히 외우지 못한 상태이기 때문이다. 강연자가 어색함의 계곡에 갇히면 청중이 바로 감지한다. 내용을 기억하려고 애쓰느라 중얼중얼하는 것처럼 말하거나, 강연장 중간쯤을 응시하거나 눈을 위로 치켜뜨는 고통스러운 순간이 찾아온다. 그러면 강연자와 청중 사이에 거리감이 생긴다.

이 지점을 극복하는 방법은 간단하다. 이야기 흐름이 자연스러워질 때까지 충분히 연습을 반복하는 것이다. 그런 다음 의미와 진정성을 담아 강연을 전달하는 데 집중한다. 걱정하지 마라. 금방 그렇게 된다.

하지만 연설 내용을 철저히 외워 어색함의 골짜기를 지나갈 시간이 없다면 이 방법을 시도하지 마라. 메모지에 요점을 적어라. 각 항목에서 무엇을 말하고 싶은지만 알면 별문제 없을 것이다. 하나의 항목에서 다음 항목으로 전환하는 부분을 기억하는데 집중하라.

말투에도 주의를 기울여야 한다. 어떤 강연자는 자신이 권위적이거나 현명하거나 강력하거나 열정적으로 보이기를 원하기도 한다. 하지만 대체로 편안하게 대화하는 것처럼 들리는 말투가 훨씬 좋다. 억지로 말투를 꾸미려 하지 마라. 웅변하지 마라. 그냥 평소 말투로 이야기하라.

성공적인 강연은 여행과 같다. 그 과정에서 여행 동반자가 기분 상하지 않도록 주의해야 한다. 어떤 강연자는 지나치게 자존심을 내세운다. 잘난 척하거나 자신감으로 가득 찬 상태에서 말하면 청중이 귀를 닫아버린다.

무대에서 존재감 키우기

경험이 부족한 강연자에게는 무대에 선다는 물리적 행위가 강연에서 가장 어려운 부분이지만, 사람들은 그 중요성을 과대평가하는 경향이 있다.

말과 이야기, 내용을 제대로 전달하는 것이 서 있는 자세나

'음', '아', '알다시피' 등의 말을 멈추는 방법

– 노아 잰던

음,

아,

그러니까,

알다시피,

이를테면,

그렇죠?

글쎄요.

긴장하거나 주의가 산만하거나 다음 내용이 떠오르지 않을 때 등 중간에 멈칫하는 순간에는 추임새에 의지하기 쉽다. 추임새는 말을 계속하기 전에 잠시 생각을 정리할 시간을 주기도 하고, 경우에 따라서는 말하려는 내용에 청중이 특히 주의를 기울여야 한다는 신호가 될 수도 있다. 하지만 지나치면 신뢰감이 떨어져 강연 내용에 온전히 집중하지 못한다.

다행히 추임새를 잠깐의 침묵으로 바꾸면 이런 약점을 강점으로 바꿀 수 있다.

대화체로 된 연설은 대부분 짧은(0.20초), 중간(0.60초), 긴(1초 이상) 멈춤으로 구성된다는 연구 결과가 있다. 훌륭한 연설가들은 2~3초 이상 멈추는 경우가 많다. 우리 회사의 음성 데이터에서는 일반적인 연설자의 경우 분당 3.5회 멈춤을 활용하는데, 이 정도로는 부족하다.

많은 연설가에게는 아주 짧은 멈춤조차 끝도 없이 긴 침묵처럼 느껴진다. 대체로 말하는 속도보다 생각하는 속도가 더 빠르기 때문이다.

처음에는 고통스럽게 느껴질지 모르지만, 멈춤 효과를 잘 활용하면 강연이 훨씬 차분하고 침착하게 흘러간다. 강연자가 생각을 정리하고 마음을 진정시키며 긴장감을 조성하는 데도 도움이 된다.

추임새 사용 습관을 바꾸는 첫 번째 단계는 추임새 인지다. 사족이 되는 단어를 파악하려면 가장 최근 발표 영상을 보거나 대화 녹취록을 검토해 가장 많이 의존하는 추임새 단어가 무엇인지 파악하리. 이런 단어를 인지하면 일상적인 대화에서 사용할 때 알아차린다. 사족이 되는 단어를 행동과 연결하라. 예를 들어, "이를테면"이라고 말할 때마다 다리를 두드린다. 가족이나 친한 친구가 연습 과정을 모니터링해 손뼉을 치거나 손가락을 튕겨 사족 단어에 주의를 환기하는 방법도 좋다.

그런 다음, 추임새 대신 침묵하는 연습을 한다. 우선, 하루 시작부터 끝까지 자신이 한 일에 관해 이야기하는 모습을 동영상으로 녹화한다. 사건을 떠올릴 때 추임새를 쓰는 대신 멈춤을 사용해 연습하라.

마지막으로, 준비의 중요성은 아무리 강조해도 지나치지 않다. 긴장감은 사람들이 추임새를 지나치게 사용하는 매우 큰 이유 중 하나다. 준비가 부족할수록 긴장감이 심해져 너무 빨리 말하거나, 말끝을 흐리거나, 다음 내용을 잊어버릴 가능성이 높다. 그러니 연습하라.

평균적으로 준비와 강연을 위한 최적의 비율은 강연 1분당 연습 1시간이다. 연습 시간이 너무 길다고 느껴질 수도 있겠지만, 텍사스 대학교 오스틴 캠퍼스의 커뮤니케이션 교수 트레이 긴Trey Guinn은 강연자가 청중 앞에 서기 전 최소 3번 이상 총연습을 해보라고 권한다.

눈에 띄는 긴장감보다 강연의 성공과 실패를 가늠하는 데 더 큰 영향을 끼친다. 무대에서의 존재감은 약간 코칭을 받으면 큰 도움이 된다.

연습 초기 가장 눈에 띄는 실수는 지나친 움직임이다. 강연자는 몸을 좌우로 흔들거나 한쪽 다리에서 다른 쪽 다리로 체중을 이동하곤 한다. 긴장하면 누구나 이런 행동을 하는데, 그러면 주의가 산만해지고 강연자가 불안정해 보인다. 하체를 움직이지 않는 것만으로도 무대 위 존재감을 극적으로 높인다. 강연 도중에 무대를 걸어 다니는 사람도 있는데, 자연스러우면 괜찮지만 대체로 가만히 선 자세로 말하고 강조할 때만 손동작을 하는 편이 더 낫다.

무대에서 가장 중요한 신체적 행동은 아마 청중과 눈을 맞추는 일일 것이다. 객석 여러 군데에서 친근해 보이는 사람 5~6명을 찾아 눈을 마주치며 이야기하라. 이들이 1년 동안 보지 못했던 친구라 여기고 근황을 전한다는 마음으로 임하라. 이런 눈 맞춤은 매우 강력한 힘을 발휘하며, 강연을 순조롭게 전달하는 데 큰 역할을 한다. 충분히 준비할 시간이 없어 대본을 읽어야 할 때도 눈을 마주치면 상당한 변화가 생긴다.

경험이 없는 강연자에게는 무대에 오르는 동안의 긴장감도 커다란 장애물이다. 사람들은 각기 다른 방식으로 이 문제를 해결한다. 많은 강연자가 이용하는 방법 중 하나는 강연을 시작할 때까지 청중석에 머무르는 것이다. 앞선 강연자에게 집중하면 주의가 분산되고 긴장이 완화되는 효과가 있다.

특정한 신체 자세가 힘에 미치는 영향을 연구한 하버드 경영대학원 교수 에이미 커디Amy Cuddy는 내가 본 것 중 가장 특이한 준비 기법을 활용했다. 그녀는 강연을 시작하기 전에 시간을 내어 걷고, 똑바로 서고, 몸을 쭉 뻗는 자세를 취하라고 권한다. 이런 자세를 취하면 스스로 강해진 듯한 느낌이 들기 때문이란다.

이런 자세를 취한 뒤 무대에 오른 그녀는 경이로운 강연을 펼쳤다. 하지만 나는 무대에 오르기 전에 심호흡을 하는 것이 가장 좋다고 생각한다. 이 방법은 분명 효과가 있다.

일반적으로 사람들은 자기가 긴장할까 봐 너무 걱정한다. 하지만 긴장은 커다란 재앙이 아니다. 청중은 강연자가 긴장할 거라고 예상한다. 긴장은 자연스러운 신체 반응이며, 오히려 강연의 질을 높일 수도 있다. 또한 강연에 필요한 에너지를 주고 정신을 집중하게 한다. 긴장할 때는 그저 호흡을 가다듬기만 해도 효과가 있다. 긴장 상태를 인정해도 청중의 몰입도가 높아진다. 긴장한 표정이든 목소리 톤이든 자신의 취약성을 보여주는 것은 진정성만 있다면 청중의 마음을 사로잡는 가장 강력한 방법 중 하나다.

내성적인 사람에 관한 책을 저술하고 2012년 TED 강연에서 연설한 수전 케인Susan Cain은 사람들 앞에 서서 이야기하는 것을 두려워했다. 무대에 선 그녀의 연약함을 느낀 청중이 그녀를 응원하는 분위기가 조성되면서 모두 그녀를 안아주고 싶어 했다. 그녀가 무대에서 자신을 지키기 위해 싸운다는 사실을 알고 있었기 때문에 아름답게 느껴졌다. 그녀의 강연은 그해 가장 인기 있는 연설이었다.

시각 자료 활용 계획 짜기

강연에 활용할 수 있는 도구가 너무 많아 최소한 강연용 슬라이드를 사용하는 정도는 의무처럼 느껴질 수도 있다. 대부분 파워포인트에 대한 조언을 들어봤을 것이다. 간단하게 하라, 슬라이드를 노트 대신 사용하지 마라(예를 들어, 논의할 요점을 정리하는 것은 노트에 적는 것이 가장 좋다), 슬라이드에 있는 단어를 큰 소리로 반복하지 마라……

슬라이드를 낭독하는 것은 텔레프롬프터의 다른 버전일 뿐이다("이런, 저 사람도 읽어주기만 하네!"). 정보는 처음 제공될 때나 흥미롭지, 계속 같은 단어를 듣고 보면 지루하게 느껴진다. 이런 조언이 너무 흔하게 들릴지도 모르지만, 어디서든 항상 조언을 지키지 않는 강연자가 있다.

최고의 TED 강연자 중 상당수는 슬라이드를 아예 사용하지 않으며, 많은 강연에서 슬라이드는 필요하지 않다. 주제를 생생하게 표현하는 사진이나 그림이 있다면 보여줘도 괜찮지만, 그렇지 않다면 강연의 일부만이라도 슬라이드 없이 진행하는 편이 낫다.

슬라이드를 사용해야 한다면 파워포인트 대신 다른 대안을 찾아본다. 예를 들어, TED는 카메라의 눈으로 2차원 풍경을 보는 강연용 소프트웨어 제작 회사 프레지에 투자했다. 평면적 이미지를 사용하는 대신, 프레지의 소프트웨어를 사용하면 배경을 옮기고 필요할 경우 확대도 할 수 있다. 이런 기법을 적절하게 활용하면 강연의 시각적 효과를 크게 높이고 의미를 강화할 수 있다.

예술가와 건축가, 사진작가와 디자이너에게는 강연이 시각 자료를 활용할 최고의 기회다. 슬라이드를 사용하면 강연의 흐름과 속도를 조절하고, 강연자가 전문 용어나 지나치게 지적인 언어에 빠져 길을 잃지 않도록 도와준다(예술은 말로 설명하기 어렵다. 시각적으로 경험하는 것이 더 좋다).

예술가나 디자이너들이 슬라이드를 자동 타이머로 설정해놓고 15초마다 이미지가 바뀌게 만든 멋진 프레젠테이션을 본 적이 있다. 강연자가 동영상을 틀어놓고 강연하면서 함께 말하는 경우도 보았다. 이런 방법은 추진력을 유지하기에 좋다. 예를 들어, 산업 디자이너 로스 러브그로브Ross Lovegrove는 시각적 효과가 뛰어난 TED 강연에서 이 기법을 사용해 청중을 놀랍도록 창조적인 여정으로 이끌었다.

창조적 유형의 강연자가 고려할 만한 또 다른 접근 방식은 강연에 침묵을 도입해 작품 그 자체로 말하는 것이다. 키네틱 조각가 루벤 마골린Reuben Margolin은 이 방법으로 강력한 효과를 얻었다. 이런 방법의 핵심은 '내가 강연하는 중이다'라고 생각하지 않는 것이다. 대신 '오늘 이 자리에서 청중에게 내 작품에 대한 강렬한 경험을 선사하고 싶다'라고 생각해야 한다. 예술가와 건축가가 피해야 하는 한 가지 끔찍한 일은 추상적이거나 개념적인 언어 속으로 후퇴하는 것이다.

동영상 자료를 사용하는 많은 강연자에게는 뚜렷한 목적이 있다. 예를 들어, 까마귀의 지능에 대한 TED 강연에서 과학자는 갈고리를 구부려 튜브에서 먹이를 낚아채는 까마귀의 영상을 보여주며, 이것이 바로 도구를 만드는 기본적인 과정이라고 설명했다. 이 영상은 그 어떤 말보다 요점을 훨씬 잘 설명해주었다.

동영상을 잘 활용하면 매우 효과적이다. 하지만 보편적으로 반드시 피해야 하는 실수도 있다. 동영상 클립은 짧아야 한다. 60초가 넘으면 청중이 집중력을 잃을 위험이 있다.

자기 홍보나 정보성 광고처럼 보이는 동영상, 특히 기업용 동영상은 사용하지 마라. 그런 광고는 흥미가 떨어진다. 음악이 깔린 동영상은 전부 위험할 수 있다. 그리고 강연 중에 CNN과 같은 방송에서 자신이 인터뷰한 장면을 보여주지 마라. 정말 좋지 않은 방법이다. 아무도 강연자의 자존감을 높이는 여정에 함께하고 싶어 하지 않는다. 현장에서 강연을 듣고 있는 청중이 굳이 강연자의 영상을 보고 싶겠는가?

전체적인 구성 설계하기

우리는 강연자가 충분한 연습 시간을 확보하도록 6개월(또는 그이상) 전부터 강연 준비를 돕기 시작한다. 늦어도 무대에 서기한 달 전에는 강연이 완전한 형태로 완성되기를 바란다. 그리고마지막 몇 주 동안 더 많이 연습할수록 더 좋은 결과가 나온다. 혼자서, 그리고 청중 앞에서 연습하는 것이 가장 이상적인 방법이다.

다른 사람 앞에서 강연을 연습할 때 까다로운 부분은 사람들이 피드백이나 건설적인 비평을 제공해야 한다는 의무감을 느낀다는 점이다. 종종 사람들의 피드백이 서로 다르거나 완전히충돌하는 경우가 있다. 이는 강연을 혼란스럽게 하거나 심지어무의미하게 만들 수도 있으므로, 테스트 청중과 피드백을 제공할 사람을 신중하게 선택해야 한다. 강연 경험이 많은 사람일수록 더 나은 비평을 제공한다.

나는 2011년에 강연과 관련해 수많은 교훈을 얻었다. TED글로벌 행사를 기획하는 동료 브루노 주사니Bruno Giussani는 내가 9년 동안 TED에서 일했고, 강연에서 사회자로 활동했으며, 많은 강연자를 소개했지만, TED 강연을 직접 해본 적이 없다는점을 지적했다. 그가 나를 강연자로 초대했고, 나는 흔쾌히 수락했다.

강연을 망치는 10가지

훌륭한 강연을 하기는 어렵지만 망치기는 정말 쉽다. 다음은 TED에서 강연자에게 피해야 한다고 조언하는 일반적인 실수다.

1. 강연 내용을 설명하는 데 너무 오랜 시간 할애한다.
2. 천천히 극적으로 말한다. 웅변할 거라면 말은 왜 하는가?
3. 자신이 얼마나 중요한 사람인지 은근히 강조한다.
4. 책을 계속 참조하고, 심지어 자신이 쓴 책에서 인용한다.
5. 다양한 요점과 여러 글꼴로 슬라이드를 꽉 채운다.
6. 구체적으로 설명하지 않고 전문 용어를 많이 사용해 똑똑하게 보이려 한다.
7. 조직의 역사와 영광스러운 업적에 대해 장황하게 설명한다.
8. 연습하면서 강연 시간이 얼마나 걸릴지 미리 확인하지 않는다.
9. 암기한 내용을 떠올리며 말하는 것처럼 들린다.
10. 청중과 절대로 눈을 마주치지 않는다.

실제로 강연을 준비하는 일은 생각보다 스트레스가 심했다. 다른 사람들의 이야기 구조를 짠 경험이 많은데도 막상 내 이야기 구조를 설득력 있게 짜기는 어려웠다. 웹 비디오가 어떻게 세계적 혁신을 이끄는지에 대한 내용을 외우기로 했는데, 정말 힘들었다.

많은 시간을 투자하고 동료들에게 조언을 받았는데도 제대로 이해하지 못한 부분에서 계속 막혔고, 과연 내가 해낼 수 있을지 의심이 들기 시작했다. 강연을 완전히 망칠 것 같았다. 무대에 오르기 직전까지 긴장했지만, 결국 잘 마쳤다. 역대 최고의 TED 강연은 아니었지만 긍정적인 반응을 얻었고, 준비와 강연 과정에서 스트레스를 이겨내고 살아남았다.

결국 나는 TED 강연자들이 30년 동안 발견해온 것을 직접 경험하면서 배웠다. 강연은 아이디어의 질과 서사, 강연자의 열정에 따라 성패가 결정된다.

강연에서 중요한 것은 말하는 방식이나 멀티미디어 효과 등이 아니라 내용이다. 강연의 문제점을 '지적'하기는 매우 쉽지만, 강연자에게 원재료가 되는 기본적인 이야기를 '주입'하기는 불가능하다. 강연자가 할 이야기를 가지고 있다면 훌륭한 강연을 만들 수 있지만, 핵심 주제가 없다면 아예 강연을 하지 않는 편이 낫다. 그럴 때는 강연 제의를 거절해야 한다. 다시 일상으로 돌아가, 공유할 만한 가치가 있는 매력적인 아이디어가 떠오를 때까지 기다려라.

기억할 가장 중요한 점은 강연하기에 좋은 방법은 하나밖에 없다는 것이다. 이전에 본 적 없는 신선한 내용을 제공하면 사람들에게 가장 기억에 남는 강연이 될 것이다. 최악의 강연은 형식적이라는 느낌을 준다.

따라서 어떤 경우에도 내 조언을 그대로 따르려 하지 마라. 물론 대부분 조언을 받아들여야 하지만, 받아들인 다음 자기 이야기로 만들어야 한다. 우리는 각자 자신과 자기 아이디어에 어떤 특징이 있는지 알고 있다. 그러니 자기만의 강점을 살려 진정성 있는 강연을 하라.

크리스 앤더슨 Chris Anderson은 세계적 강연회로 알려진 TED의 대표이자 수석 큐레이터다. 강연 및 말하기의 노하우를 담은 《테드 토크TED TALKS》(2016, 21세기북스) 등을 집필했다.

멋진 강연을 위한 5가지 키 포인트

멋진 강연을 하려면 다음 5가지 사항을 명심하라.

- 이야기 구상하기(어디서 시작하고 어디서 끝낼지 파악하라).
- 이야기 전달 계획 세우기(연설 내용을 한 단어 한 단어 외울지, 아니면 요점을 정리한 다음 반복해서 연습할지 정하라).
- 무대에서 존재감 키우기(단, 무대에 서는 방식이나 눈에 띄게 긴장하는 태도 등의 요소보다 이야기가 더 중요하다는 사실을 기억하라).
- 시각 자료 활용 계획 짜기(무엇을 하든 파워포인트 슬라이드를 그대로 읽지 마라).
- 전체적인 구성 설계하기(강점을 살리고 진정성 있게 준비하라).

강연은 아이디어의 질과 서사, 강연자의 열정에 따라 성패가 결정된다. 강연에서는 스타일보다 내용이 중요하다. 강연 방식

의 문제점(스타일)을 '지적'하기는 매우 쉽다. 기본적인 이야기
(내용)를 '주입'하는 방법은 없으며, 강연자에게 원재료가 있어야
한다.

따라서 생각이 아직 준비되지 않았으면 강연 제의를 거절하
고, 공유할 만한 가치 있는 아이디어가 나올 때까지 충분히 고민
해야 한다.

탄탄한 비즈니스 글쓰기의 과학

신경생물학에서 얻은 교훈

빌 버처드

탄탄한 글쓰기 능력은 비즈니스에 종사하는 모든 사람에게 필수적이다. 동료, 직원, 상사와 효과적으로 소통하고, 자신이 제공할 아이디어와 제품 또는 서비스를 판매하기 위해서는 글쓰기 능력이 필요하다.

대다수 사람들이 특히 기업쪽에서는 글쓰기가 일종의 예술이라고 믿는다. 글쓰기를 잘하는 사람한테는 경험과 직관뿐 아니라 다독 습관을 통해 길러진 남다른 재능이 있다고 생각한다. 그러나 우리는 날마다 좋은 글쓰기의 과학에 대해 더 많은 것을 배우고 있다. 신경생물학과 심리학이 발전한 덕분에 데이터와 이미지를 통해 두뇌에서 단어와 구절, 이야기에 어떻게 반응하는지도 정확히 알 수 있다. 글을 더 잘 쓰기 위해 우리가 선택하는 기준은 생각보다 객관적이다.

좋은 글은 보상 회로로 알려진 뇌 영역에서 도파민이 흐르게 한다. 좋은 글은 뇌에서 보상과 쾌락을 담당하는 특정 부위를 활성화한다. 그리고 쾌락을 느끼게 하는 신경 물질 오피오이드가 흘러나오게 한다. 맛있는 음식과 편안한 목욕, 포근한 포옹과 마찬가지로 잘 쓴 글은 즐거움을 느끼게 하고 계속 읽고 싶게 만든다.

학교에서 배운 '말하지 말고 보여줘라'나 '능동태를 사용하라'는 규칙은 여전히 효과가 있다. 하지만 이제 그 이유가 더 명확해졌다. MRI와 PET 장비를 사용하는 과학자들은 사람들이 특정 유형의 글을 읽거나 소리 내어 말하는 것을 들을 때 중뇌에 모여 있는 보상 영역에 어떻게 불이 켜지는지 관찰할 수 있다. 각 단어와 구절 또는 아이디어는 뇌에 자극으로 작용해 뇌가 즉각적으로 다음과 같은 질문에 답하게 한다. 이것이 가치 있을까? 내가 이걸 좋아하나? 여기서 배울 점이 있을까?

이 분야에서 선구적 역할을 한 미시간 대학교 심리학자이자 신경과학자 켄트 베리지Kent Berridge에 따르면, 이제까지 연구자들은 뇌의 보상 회로가 주로 감각 단서를 처리한다고 생각했다면서 이렇게 설명한다.

"지난 50년 동안 신경 영상 연구를 통해 다양한 종류의 사회적·문화적 보상으로도 이 시스템을 활성화할 수 있다는 사실이 분명해졌다."

이메일의 간결한 문장이든 보고서의 복잡한 주장이든, 우리 글에는 독자의 뇌 신경 회로에 불을 밝힐 잠재력이 있다(청중에게 글을 읽어주는 경우도 마찬가지다). 글에 다음과 같은 특징 중 하나 이상이 있으면 마법이 일어난다. 단순하고simple, 구체적이며 specific, 놀랍고surprising, 감동적이고stirring, 매혹적이며seductive, 명쾌하고smart, 사회적이거나social 스토리 중심story-driven일 때다. 나는 그동안 작가이자 사업가를 위한 글쓰기 코치로 일하면서 이 8가지 S가 가장 뛰어난 글쓰기의 핵심임을 알았다. 과학적 증거가 그 영향력을 뒷받침한다.

단순한 문장

"단순하게 작성하라."

이 전통적인 글쓰기 조언은 가장 기본적인 신경과학 연구를 근거로 삼는다. 단순함은 과학자들이 뇌의 '처리 유창성processing fluency'이라고 부르는 능력을 높인다. 짧은 문장과 익숙한 단어를 사용하고 구문을 깔끔하게 구성하면 독자가 글의 의미를 이해하기 위해 큰 노력을 기울일 필요가 없다.

반면, 중간에 여러 절이 모여 있는 문장은 읽는 데 시간이 더 오래 걸리고 오해할 여지가 생긴다는 연구 결과가 있다. 수동태로 된 문장도 마찬가지다. 예를 들어 "투자자들은 이익을 사랑한다"가 아니라 "이익은 투자자에게 사랑받는다"라고 쓰면 동사와 직접 목적어의 기본적인 위치가 바뀌어 이해하는 데 정확도가 10퍼센트 감소하고 읽는 데도 10분의 1초가 더 걸린다.

도쿄 대학교 오쿠하라 쓰요시Okuhara Tsuyoshi는 동료들과 팀을 이뤄 40~69세 400명에게 더 건강해지기 위해 운동하는 방법에 관해 물어보았다. 그룹의 절반에게는 다소 전문적인 내용의 장황한 자료를 제공하고, 나머지 절반에게는 같은 내용을 읽기 쉽게 편집한 자료를 제공했다. 짧은 단어와 문장으로 이뤄진 간단한 버전을 읽은 그룹은 자기 효능감에서 더 높은 점수를 받았고, 성공하는 데 더 큰 자신감을 드러냈다.

더욱 주목할 점이 있다. 인간은 경험을 통해 간단한 설명이 대체로 옳다는 사실을 배운다. 러시아의 수학자 안드레이 콜모고로프Andrey Kolmogorov는 수십 년 전 사람들이 단순한 패턴을 사용하면 더 나은 예측과 설명, 결정을 할 것으로 받아들인다는 사실을 증명했다. 즉, 지나치게 치장한 아이디어를 줄이고, 있는 그대로 둘 때 더 설득력이 높다는 뜻이다.

불필요한 단어를 줄이고 능동태를 사용하는 것이 단순함을 유지하는 2가지 방법이다. 또 다른 전략은 정말 핵심 내용만 남기고 부차적인 세부 사항을 버리는 것이다. 크로스오버 시장을 조사한 다음 고위 경영진에게 메모로 선택 사항을 추천한다고 해보자. 이럴 때는 각 시장의 장단점을 일일이 공유하는 대신, 즉 포괄적인 접근 방식을 취하는 대신 상위 2개의 예상 후보만 제시하고 주요 장단점을 파악하는 것이 좋다.

구체적인 표현

구체성은 뇌의 회로를 깨운다. '펠리컨'과 '새'를 생각해보자. 아니면 '닦다'와 '청소하다'를 비교해보자. 짝을 이룬 단어 중 더 구체적인 단어가 포괄적인 단어보다 뇌의 시각 및 운동 영역의 뉴런을 더 많이 활성화해 뇌가 의미를 더 강력하게 처리하도록 만든다는 연구 결과가 있다.

수년 전 과학자들은 뇌가 단어를 기호로 해독한다고 생각했다. 이제 우리는 뉴런이 실제로 단어가 의미하는 바를 '구현'한다는 것을 안다. 좀 더 구체적인 단어를 들을 때 실제적인 것의 흔적을 '맛보고', '느끼고', '본다'는 것이다.

놀랍게도 이런 시뮬레이션은 근육에도 적용된다. 이탈리아의 연구원 마르코 테타만티Marco Tettamanti가 이끄는 연구 팀이 사람들에게 입과 손, 다리와 관련된 문장('사과를 깨문다', '칼을 쥔다', '공을 찬다')을 들려주자 사람들의 턱과 손, 다리를 움직이는 뇌 영역이 반응을 보였다.

더욱 생생하고 뚜렷한 언어를 사용하면 독자에게 더 큰 보상을 준다. 아마존 창립자 제프 베이조스Jeff Bezos는 주주들에게 보낸 편지에서 "우리는 치열한 경쟁에 맞서고 있습니다"라고 말하지 않았다. 그는 테타만티의 연구 결과를 활용해 이렇게 썼다. "타사 판매자들이 우리 판매자들의 엉덩이를 걷어차고 있습니다. 그것도 아주 세게요."

또 다른 구체성의 전략은 독자가 메시지를 오래 간직하도록 기억에 남는 짧은 문구를 제시하는 것이다. 저널리스트 맬컴 글래드웰Malcolm Gladwell은 '티핑 포인트'라는 말을 만들었다. 경영학의 대가 김위찬과 르네 마보안Renée Mauborgne은 '블루오션 전략'을, 저술가 나심 니콜라스 탈레브Nassim Nicholas Taleb는 '블랙스완 사건'이라는 표현을 지어냈다.

놀라운 정보

사람의 뇌는 하나의 단어에서 다음 단어를 추측하는 일을 비롯해 글을 읽는 동안 쉬지 않고 내용을 예측하도록 만들어졌다. 우리의 글이 독자가 추측한 그대로여도 괜찮지만, 독자가 글을 읽으며 하품을 할지도 모른다. 이럴 때 놀라움이라는 요소를 활용하면 독자가 정보를 학습하고 오래 유지하는 데 도움을 주어 메시지가 기억에 오래 남을 것이다.

텔레콤파리 대학의 인공지능 및 인지과학 연구원 장루이 데살Jean-Louis Dessalles은 예상치 못한 것에 대한 사람들의 선호도를 증명하는 실험을 진행했다. 그는 참가자들에게 미완성인 짧은 이야기를 읽고 저마다 다른 결말을 생각해보도록 요청했다. 예를 들어, 그중 한 이야기는 다음과 같다.

"내 차를 도난당한 지 2주 후, 경찰에게서 내 차일지도 모르는 차가 인터넷에 매물로 나왔다는 연락을 받았다. 전화번호가 확인되었는데, 그것은 ○○○의 휴대전화 번호였다."

○○○의 선택지로 (a)'직장 동료', (b)'동생의 동료', (c)'같은 동네 사는 사람'이 제시되었다. 18개의 이야기 중 17개에서 다수의 사람이 가장 예상치 못한 결말(이 사례에서는 '직장 동료')을 선호했다. 사람들은 자기가 예측한 대로 흘러가는 이야기를 원하지 않았다.

따라서 독자들에게 신선함이라는 보상을 줘야 한다. 와튼 스쿨의 조나 버거Jonah Berger와 캐서린 밀크먼Katherine Milkman은 〈뉴욕 타임스〉 온라인에 게재된 약 7,000개의 기사를 조사하면서 놀라움을 주는 콘텐츠의 영향력을 확인했다. 그 결과, 놀라움을 주는 것으로 평가된 기사가 〈뉴욕 타임스〉에서 '이메일로 가

장 많이 전송된' 목록에 올라갈 확률이 14퍼센트 더 높다는 사
실이 밝혀졌다.

독자들은 특이한 단어를 사용한 글도 좋아한다. 존 맥피John
McPhee가 제2차 세계 대전을 '기술적 피냐타technological piñata(중
남미 국가의 축제에서 사용하는 종이 인형-옮긴이)'라고 묘사한 것이
좋은 예다. 텍사스에 본사를 둔 한 대기업에서 2016년 주주 서
한에 기업 자체를 어떻게 묘사했는지 살펴보자.

"비글라리 홀딩스를 기업 박물관이라고 생각하세요. 우리는
걸작을 수집하는 걸 좋아합니다."

감동적인 언어

논리로 사람을 설득할 가능성이 높다고 생각할 수도 있지만, 실
제로는 그렇지 않다. 사람의 뇌는 단어의 의미를 이해하는 속도
보다 훨씬 빠른 0.2초 내에 단어의 감정적 의미를 처리한다. 수
렵 채집 시대부터 뇌는 그런 식으로 반응하도록 훈련되었기 때
문에, 감정이 풍부한 자료를 읽을 때 반사적으로 두려움과 기쁨,
경외심과 혐오감 등의 감정으로 반응한다. 그런 다음 이성적 판
단을 하고 즉각적인 느낌과 그에 따른 생각을 결합해 의미를 만
들어낸다.

그렇다면 사람은 감정에 얼마나 민감할까? 실험에 따르면, 사람은 단어 목록을 들을 때 뇌 처리 능력의 한계로 인한 '주의력 깜빡임attentional blinks' 때문에 몇 가지 단어를 놓치는 경우가 많다. 하지만 감정적으로 중요한 단어는 놓치지 않는다. 그런 단어를 들을 때는 깜빡임이 생기지 않는다.

메모를 작성할 때 느낌과 생각을 함께 연결하는 단어를 넣어보라. "경쟁에 도전하다"라는 말 대신 "라이벌을 제압하다"라는 말을 사용한다. "혁신을 촉진하다"가 아니라 "독창성을 소중히 여긴다"라는 표현을 쓴다.

은유가 더 효과적일 때도 많다. 캐나다 과학자 안드레아 보우스Andrea Bowes와 앨버트 카츠Albert Katz가 "정말 좋은 아이디어입니다", "말조심하세요"와 같이 비교적 단조로운 문구를 "보석같이 눈부신 아이디어입니다!", "등 뒤를 조심하세요"처럼 연상을 불러일으키는 표현과 비교해서 실험한 결과 참가자들은 후자의 표현에 더 강하게 반응했다.

사소한 표현만으로도 감정과 관련된 신경 회로를 자극할 수 있다. 그러므로 글을 쓸 때는 사실과 더불어 자기감정을 솔직하게 표현하라. 그러면 글을 향한 열정이 드러날 것이다. 감정을 표현하면 독자가 그 감정을 느낀다.

매혹적인 구성

인간은 본능적으로 기대감에 이끌리는 존재다. 사람들은 대체로 휴가를 다녀온 뒤보다 휴가를 계획할 때 더 행복하다는 유명한 연구 결과가 있다. 이런 보상을 '기대 효용anticipatory utility'이라고 부른다. 글을 구성할 때도 같은 종류의 흥분을 만들어낼 수 있다.

시를 이용한 실험에서 연구진은 독자의 보상 회로가 강조된 행과 연의 정점에 도달하기 몇 초 전 최고조에 이른다는 사실을 발견했다. 연구에서 살펴본 뇌 영상에서는 시에 전혀 관심 없는 독자도 클라이맥스에 도달하기 직전에는 쾌감이 급증하는 것으로 나타났다.

누구나 앞으로 일어날 일에 대한 사람들의 호기심을 자극해 이와 비슷한 반응을 이끌어낼 수 있다. 스티브 잡스Steve Jobs는 2005년 스탠퍼드 대학교 졸업식에서 한 유명한 연설 '죽기 전에 어떻게 살아야 하는가How to Live Before You Die'를 이렇게 시작했다.

"저는 대학을 졸업하지 못했습니다. 대학 졸업식에 참석한 건 이번이 처음입니다. 오늘 제 인생의 3가지 이야기를 들려드리고자 합니다. 그게 다입니다. 별거 아니에요. 그냥 3가지 이야기랍니다. 3가지 이야기가 뭔지 듣고 싶으신가요?"

질문을 던지는 것으로 보고서를 시작하라. 고객의 문제를 질문과 답의 형태로 제시하라. 제품 개발 작업을 수수께끼 풀듯 설명하라. 독자를 불확실한 상태에 놓고 더 나은 해결책을 발견하도록 이끌어라.

명쾌한 아이디어

사람들이 스스로 똑똑하다고 느끼게 하는 것, 즉 "아하!" 하고 깨닫게 하는 것은 독자를 만족시키는 또 다른 방법이다. 이처럼 갑작스러운 통찰력이 어떻게 뇌를 활성화하는지 밝히기 위해 연구진은 사람들에게 3가지 단어(예를 들면 '집', '나무껍질', '사과')를 읽게 한 다음, 3가지 모두와 관련된 네 번째 단어를 찾게 한 뒤 MRI 장치와 뇌파 검사EEGs로 뇌 활동을 기록했다. 참가자가 해결책('나무')에 도달하면 오른쪽 관자놀이 근처의 뇌 영역에 불이 켜지고 전전두엽 피질과 중뇌의 보상 회로 일부에도 불이 들어온다. 독자들의 기뻐하는 모습이 눈에 보인다. 심리학 연구에서도 이런 순간이 찾아올 때 사람들이 편안함과 확신, 그리고 무엇보다 행복을 느낀다는 사실이 드러났다.

독자들에게 "아하!" 하고 깨닫는 순간을 선사하려면 어떻게 써야 할까? 첫 번째 전략은 새로운 대조법을 제시하는 것이다.

IBM 전 CEO 버지니아 로메티Virginia Rometty는 미래에 대해 다음과 같이 설명했다.

"앞으로는 인간 대 기계의 세상이 아니라 인간과 기계의 세상이 될 것입니다."

두 번째 전략은 실용적인 표현을 사용해 보편적이고 영원한 진리를 떠오르게 하는 것이다. 사무용 가구 회사 허먼 밀러의 창립자이자 CEO였던 맥스 드프리Max De Pree는 직원들에게 이런 방식으로 말하는 데 능숙했다. 그는 《리더십은 예술이다Leadership Is an Art》(2003, 한세)에서 이렇게 썼다.

"리더의 첫 번째 책임은 현실을 정의하는 것이다. 마지막 책임은 감사 인사를 하는 것이다. 이 2가지 사이에서 리더는 하인이자 채무자가 되어야 한다."

기업 관리자뿐만 아니라 부모와 교사, 코치 등 다른 사람을 지도하는 역할을 하는 사람 누구에게나 필요한 지혜다.

사회적 콘텐츠

사람의 두뇌는 인간관계를 갈망하도록 만들어졌다. 이런 성향은 글을 읽을 때도 나타난다. 여러 종류의 문학 작품 발췌문에 대한 독자들의 반응을 연구한 결과를 보자. 발췌문의 종류는 인물이나 그 인물의 생가을 생생하게 묘사한 글과 그런 특성이 없는 글 등으로 다양했다. 그중에서 인물이 포함된 구절은 사회적 신호를 해석하는 참가자의 뇌 영역을 활성화해 보상 회로를 작동시켰다.

하지만 우리의 욕망은 단순히 사람에 대한 글을 읽고 싶어 하는 데서 그치지 않는다. 사람들이 무슨 생각을 하는지 최대한 빨리 알고 싶어 한다. 브뤼셀 자유대학의 사회신경과학자 프랑크 판 오베르발러Frank Van Overwalle가 주도한 연구에서 독자들은 0.35초 이내에 그들이 읽고 있는 글의 목적을 추론하고 0.65초 이내에 성격 특성을 파악했다.

독자가 당신과 당신의 글에 공감하도록 돕는 한 가지 방법은 글에 자신의 흔적을 더 많이 드러내는 것이다. 목소리와 세계관, 어휘와 재치, 구문과 시적 리듬, 감성 등을 생각해보라. 버크셔 해서웨이의 CEO 워런 버핏Warren Buffett의 서민적이면서도 효과적인 연설과 편지를 보자. 그는 "누군가 오래전에 나무를 심었기 때문에 오늘 누군가 나무 그늘에 앉아 있는 것이다", "썰물이 찾아와야 누가 알몸으로 헤엄치고 있었는지 알 수 있다", "공식을 숨긴 괴짜를 조심하라" 등 유명한 어록을 남겼다.

어떤 주제에 대해 논의할 때 인간적 관점도 잊지 마라. 예를 들어, 공급망 문제에 대해 지적하고 싶다면 단순히 '트럭 운송 중단 사태'라고 표현하지 말고, 운전자와 배송 담당자 간 엇갈린 신호에 대해 써라.

독자의 참여를 유도하는 또 하나의 간단한 전략은 이 글에서 사용한 것처럼 2인칭('당신')을 사용하는 것이다. 이 방법은 특히 기술적이거나 복잡한 내용을 설명할 때 더욱 유용하다. 예를 들어, 캘리포니아 대학교 샌타바버라 캠퍼스의 심리학자 리처드 메이어Richard Mayer와 동료들은 호흡계에 관한 온라인 발표를 2가지 버전으로 나눠 실험을 진행했다. 각 버전에는 간단한 애니메이션과 100단어의 음성 텍스트가 포함되었다. 한 버전에서는 비인격적 3인칭("숨을 들이마시는 동안 횡격막이 아래로 움직여 폐에 더 많은 공간이 생긴다")을 사용하고, 다른 버전에서는 더욱 인간적인 표현("당신의 횡격막"과 "당신의 폐")을 사용했다. 배운 내용을 측정하는 테스트에서 후자를 들은 사람들은 전자를 들은 사람들보다 훨씬 더 높은 점수를 받았다.

스토리텔링

글을 쓸 때 좋은 이야기를 뛰어넘는 장치는 드물다. 아주 짧더라도 이야기가 독자의 뇌를 사로잡는 이유는 앞서 설명한 많은 요소가 결합했기 때문이다.

프린스턴 대학교의 유리 해슨Uri Hasson이 실시한 연구에서 매력적인 이야기의 신경학적 효과가 밝혀졌더. 기능적 MRI 스캔 결과, 이야기가 시작되면 이야기를 듣는 사람의 뇌가 즉시 특정 패턴으로 빛나기 시작했다. 게다가 이 격자 패턴은 이야기하는 사람이 들려주는 내용을 정확히 반영했다. 다른 연구에서는 이 패턴이 나타나자마자 바로 보상 회로의 중뇌 영역이 활성화되었다.

플로리다 대학교 행동과학자들의 실험에서도 비슷한 결과가 나왔다. 기분 좋은 이미지를 연상시키는 12초짜리 서사를 읽은 사람들의 뇌 이미지에서 보상 영역의 활동이 활발하게 나타났다(예를 들면, "이 거대한 시합도 이제 얼마 남지 않았고, 막바지에 이르고 있습니다. 관중의 함성으로 귀가 먹먹해질 정도입니다. 당신은 자리에서 뛰어올라 환호합니다. 팀이 역전승을 거뒀습니다").

의사소통에 이야기를 집어넣어 큰 성과를 거둔 멜리사 린 머피Melissa Lynne Murphy가 텍사스 대학교에서 수행한 사업 크라우드 펀딩 캠페인에 관한 연구를 보자. 그녀는 연구 참가자들이 서사가 풍부한 제안을 더 호의적으로 느끼고, 기업가의 신뢰성과 사업 타당성에 더 높은 점수를 준다는 사실을 발견했다. 연구 참가자들이 해당 프로젝트에 투자하고 정보를 공유할 의향도 더 높아졌다. 이 사례를 통해 이야기 없이는 펀딩에서 큰 성공을 거두지 못한다는 사실을 알 수 있다.

* * *

8S는 글을 잘 쓰는 비밀 병기다. 즐거움을 느끼는 자극과 동일한 신경 반응을 유발하기 때문에 독자의 참여를 유도하기에 효과적인 도구다. 수백만 년의 진화를 통해 사람의 뇌는 무엇이 옳다고 느끼는지 알도록 훈련되었기 때문에 8S의 가치를 직관적으로 이해할 것이다. 직감을 키우면 작가 버전의 황금률에 눈을 뜰 것이다. 자신에게 하듯 독자에게 보상하는 방법 말이다.

빌 버처드 Bill Birchard는 경영 부문 저술가이자 글쓰기 코치다. 《영향력 있는 글쓰기Writing for Impact》(2023), 《미덕의 상인Merchants of Virtue》(2011), 《지구로 가는 계단Stairway to Earth》(2011), 《자연의 수호자Nature's Keepers》(2005), 《무엇이 중요한지 계산하기Counting What Counts》(2000) 등을 집필했다. 글쓰기의 기교에 대한 좀 더 자세한 설명은 billbirchard.com에서 확인할 수 있다.

뛰어난 글쓰기의 8가지 핵심 도구

연구

뇌 스캔을 통해 무엇이 독자를 매료시키는지 자세하고 정확하게 밝혀지고 있다. 과학자들은 사람들이 단순한 은유부터 예상치 못한 이야기의 반전에 이르기까지 글쓰기의 모든 것에 반응할 때 중뇌 뉴런 그룹인 '보상 회로'에 불이 켜진다고 말한다. 여기서 우리는 동료에게 보내는 이메일이든 이사회에 제출할 중요한 보고서든 원초적 수준에서 독자를 기쁘게 하는 방식으로 글을 작성하면 뇌에서 쾌락 화학 물질인 도파민이 나온다는 사실을 배운다.

글 쓰는 방법

만족스러운 글에는 단순한 문장, 구체적인 표현, 놀라운 정보, 감동적인 언어, 매혹적인 구성, 명쾌한 아이디어, 사회적 콘텐츠, 스토리텔링 등 8가지 특징이 있다. 이런 특징은 여느 즐거운 자극과 동일한 신경 반응을 이끌어내기 때문에 독자의 몰입에 효과적인 도구다. 이 8가지 도구를 사용하는 방법을 배우면 독자의 마음을 사로잡고 메시지가 더 오래 유지되는 데 도움이 된다.

높은 성취를 이룬 사람이 불안을 극복하는 방법

'생각의 함정'에서 벗어나기

모라 에런스멜

한 가지 작은 비밀이 있다. 매우 성공한 사람 중 일부는 불안에 시달린다. 그들은 최악의 시나리오와 잘못될 가능성이 있는 사소한 일을 모두 걱정한다. 실수에 대해 고민하고 다른 사람에 비해 자신을 부정적으로 생각한다. 칭찬을 무시하고 부정적 피드백에만 집중한다.

이들의 불안은 여러 가지 면에서 장점이 있다. 불안은 추진력과 성실한 노력, 성취를 촉진하는 원동력이 되기 때문이다. 이들은 최선을 다하고, 최고가 아니면 만족하지 않기 때문에 높이 평가받는다. 하지만 불안한 상태를 그대로 두면, 장점으로 보이던 특성이 어떤 사람을 비참하게 만들고 성과와 경력의 발전에 걸

림돌이 되기도 한다.

변호사 마크 골드스타인Mark Goldstein은 업무상 과실로 소송 당하는 것과 같은 재앙을 상상하는 일을 멈출 수 없었다. 게다가 동료들과 자신을 끊임없이 비교했다. 그는 이렇게 회상했다.

"우리 로펌에는 약 1,800명의 변호사가 있는데, 1,799명 전부 저보다 업무와 생활에서 생기는 스트레스를 더 잘 처리한다고 생각했어요."

이를 보완하기 위해 그는 이메일에 실수가 없는지 지나치게 꼼꼼히 검토하고 휴가도 반납한 채 일했다.

니하르 치하야Nihar Chhaya도 비슷한 이야기를 들려줬다. 리더십 코치 마셜 골드스미스Marshall Goldsmith가 선정한 세계 100대 경영 코치 중 한 명으로 선정되었음에도, 치하야는 주기적으로 자기 사업이 기우는 상상을 하고, 혼자 일하는 것보다 더 큰 회사에서 일하는 쪽이 더 낫지 않을까 자주 의문을 품곤 했다. 그는 이렇게 말했다.

"다른 사람은 다 완벽해 보이고 저는 탁월해질 수 없는 사람이라는 생각이 들었어요."

나도 같은 고민을 한다. 얼마 전 경영 도서 저자들만 초대하는 그룹에 가입해달라는 요청을 받자마자 당황해서 어쩔 줄 몰랐다. 베스트셀러 작가와 유명 TED 강연자, 심지어 별 3개짜리 장군까지 포함된 이 그룹에 내가 들어갈 수 있을까? 내 가면 증후군은 심각했다.

많은 사람이 같은 현상을 겪는다. 심리학자가 생각의 함정이라 부르는 것, 아니면 다른 사람이 인지 왜곡 또는 사고 오류라고 부르는 것, 즉 사실이 아니며 부정적으로 편향된 생각의 패턴에 굴복한다. 이런 패턴은 너무 뿌리 깊어 저절로 자신을 옭아맨다. 이 상태에 빠지면 사물을 제대로 보거나 효과적으로 의사소통하거나 현실에 기반해 올바른 결정을 내릴 수 없다. 그 결과는 자신과 자신이 이끄는 팀에 악영향을 미친다.

안타깝게도 생각의 함정은 불안한 성취자들 사이에서 매우 흔하게 나타난다. 이런 함정에서 벗어나기 위해 어떤 사람은 과로에 시달리고, 어떤 사람은 약물이나 알코올, 회피 또는 수동적 공격 행위로 대처한다. 하지만 더 나은 해결책이 있다. 첫 번째 단계는 다양한 함정을 이해하고 자신이 어떤 함정에 가장 취약한지 파악하는 것이다. 그러면 의도적으로, 단순하지만 증거에 기반한 조치를 통해 자기 자신을 자유롭게 할 수 있다.

생각의 덫에서 탈출하기

직장에서는 11가지 생각의 덫이 가장 흔하게 영향을 끼치는데 각각의 덫마다 구체적인 방법으로 벗어날 수 있다. 이런 사례는 대부분 데이비드 번스David Burns의 고전《필링 굿: 새로운 기분 치료Feeling Good: The New Mood Therapy》(1999)와 《필링 굿 핸드북The Feeling Good Handbook》(1999)에 실려 있다. 여기에 내가 불안한 성취자에게 특히 영향을 미치는 몇 가지 사례를 추가했다.

이분법적 사고

번스는 이런 사고가 매사를 흑과 백으로 간주하는 경향이라고 설명한다. 예를 들어, 어떤 상황이 자기 눈에 완벽해 보이지 않으면 그 상황이 완전히 실패했다고 여긴다. 면접을 예로 들어보자. 이분법적 사고를 하는 사람은 면접에서 저지른 실수 하나, 또는 미처 말하지 못한 의견 한 가지에 집중해 완전히 실패했다고 결론 내린다. 그러나 그보다는 인터뷰 전체를 염두에 두는 사고방식이 더 건강하다. 물론 몇 가지를 더 잘했다면 좋겠지만, 인터뷰는 대체로 잘 진행되었다.

이분법적 사고에 대응하는 가장 좋은 방법은 '아니면or'을 '그리고and'로 바꾸는 것이다. 인터뷰에는 긍정적인 순간과 부정적인 순간이 있다. 좋은 점과 나쁜 점이 섞여 있다.

어떤 일이 완전히 재앙이라는 확신이 들 때는 믿을 만한 조언자에게 연락하라. 나는 남편이나 예전 사업 파트너에게 도움을 청한다. 두 사람은 나를 잘 알고, 내가 완벽주의적 사고방식에 빠지려 할 때 회색의 음영을 보도록 도와주는 재주가 있다.

부정적 낙인

번스는 낙인을 극단적인 형태의 이분법적 사고라고 본다. "내가 실수했어"라고 말하는 대신 "나는 실패자야"라는 부정적 낙인을 스스로 부여한다. 저마다 자신을 비판할 때 '실패자', '무능한 사람', '자격 없는 사람', '가치 없는 사람' 등의 낙인을 씌운다.

문제의 원인을 그 사람의 생각이나 행동이 아니라 성격 탓으로 돌리면 상황을 개선할 수 없다. 자신이 실수하거나 잘못된 결정을 내리는 평범한 사람(나는 가끔 실패한다)이 아니라, 본질적으로 문제 있는 사람(나는 실패자다)이라고 생각하면 근본적으로 포기하는 셈이다. 다른 사람을 낙인찍을 때도 마찬가지다. 번스는 이렇게 말한다.

"다른 사람을 아예 형편없는 사람으로 보면 적대감이 생기고 (…) 건설적인 의사소통의 여지가 거의 남지 않는다."

이런 생각의 함정(및 다른 함정)과 맞서 싸우는 가장 좋은 방법은 균형 잡힌 사고를 통해 반사적으로 나오는 가정에 대한 찬성 및 반대 입장을 검토하는 것이다. 잘못된 결정을 내렸을 때 자기도 모르게 '난 정말 바보야'라고 생각한다고 가정하자. 먼저, 내가 바보라는 증거는 무엇일까? 전화를 잘못 걸었다는 점이라고 할 경우, 실수를 자세하게 설명한 뒤 생각해보라. 한 번의 잘못된 행동이 정말 바보라는 증거가 될까? 물론 그렇지 않다.

이처럼 저절로 떠오르는 생각에 반대되는 견해를 글로 써봐도 도움이 된다. 자신이 바보가 아니라는 증거가 있는가? 자기 능력과 기술을 증명할 많은 증거를 찾을 것이다. 이런 균형 잡힌 사고를 통해 내가 개선할 부분을 알고 불안을 느낀다면, 그저 주의를 기울이고 더 많이 노력해야 한다는 신호일 뿐이다.

성급한 결론

이런 익숙한 생각의 함정은 2가지 형태로 나타난다. 하나는 독심술적인 사고로, 상대방이 나에게 부정적 반응을 보인다고 자의적으로 결론 내릴 때 발생한다(그는 내가 승진할 자격이 없다고 생각한다. 분명 나를 싫어한다). 다른 하나는 예언적 사고로, 증거가 없는데도 상황이 나빠질 것으로 예측하는 일이 포함된다. 이런 사고에 빠지면 아무런 행동도 하지 않으려 한다('어차피 잘 안 될 테니 굳이 노력할 필요 없어').

내가 복도를 지나갈 때 동료가 웃지 않아서 화났다고 생각한 적이 있다. 그런데 알고 보니 아이가 아파서 걱정하고 속상해한 것이었다. 발표할 때 웃음을 터뜨릴 것 같다고 생각하며 발표에 임했더니 실제로 웃음을 터뜨리고 말았다. 성급하게 결론 내리는 이 2가지 방식은 실제로 자존감과 생산성, 인간관계와 의사결정에 해로운 영향을 끼친다.

이런 생각의 함정에는 진실을 떠올리며 대응할 수 있다. 스스로 질문을 던져보라.

"다른 사람이 속으로 하는 생각을 알 수 있을까? 정말 앞으로 무슨 일이 일어날지 알 수 있을까?"

과거에 섣불리 결론 내렸다가 틀렸다는 사실이 증명되었던 경험을 떠올리는 것도 방법이 될 수 있다.

재앙화

이런 생각의 함정에는 증거가 거의 없거나 전혀 없는 상황에서 최악의 결론에 도달하는 것도 포함된다. 저 작은 잡티는 흑색종이다, 소중한 사람과의 다툼은 관계의 끝을 알리는 신호다, 완벽하지 않은 성과 평가를 받았으니 해고될 것이다……. 재앙론자는 어떤 문제가 발생하면 항상 최악의 시나리오를 예상한다.

이런 사고방식 역시 성과에 해로운 영향을 미친다. 예를 들어, 사업과 관련해 현금 흐름 분석 결과가 예상보다 덜 긍정적으로 나오자 갑자기 회사가 망하고 직장을 잃을까 봐 걱정하기 시작한다. 이성적으로는 그럴 가능성이 아주 낮다는 것을 알지만, 재앙화에 갇히면 아무리 어처구니없는 시나리오라도 그럴듯하게 느껴진다.

이 시점에서 작가 애슐리 포드Ashley C. Ford의 조언을 살펴보자. 불안은 "모든 것이 항상 잘못될 거라고 거짓말하는" 신뢰할 수 없는 화자다. 포드는 "감정은 사실이 아니다"라는 점을 상기할 것을 권한다.

비합리적인 생각에서 벗어나기 어렵다면, 작지만 의미 있는 행동을 취해 정신적 소용돌이를 멈춰라. 조언해줄 공정한 관찰자와 상의하라. 아니면 재앙에서 벗어나기 위해 상황을 조금이라도 눈에 띄게 바꾸려 노력하라. 약간의 진전만 있어도 뇌가 다시 집중하고 생산적인 업무로 돌아가도록 자극을 줄 것이다. 1년 후나 3개월 후에 일어날지 모르는 일보다는 가까운 시일 내할 일에 집중하라.

필터링

번스는 정신적 필터링을 이렇게 설명한다.

"부정적인 세부 사항 하나를 골라 집중하면 잉크 한 방울이비커 한 컵의 물을 전부 물들이듯 현실 전체에 대한 시야가 암울해진다."

그는 자신의 발표에 대해 긍정적 피드백을 많이 받았는데도 전부 무시하고 한 동료의 비판적 의견에만 집착하는 강연자를 예로 들었다.

물론 그 반대 경우도 생길 수 있다. 잘된 일에만 집중하고 그렇지 못한 일에서는 눈을 감는 것이다. 하지만 불안한 성취자는 부정적인 요인에만 집중해 자신이 잘하는 것을 파악해 활용하지 못할 가능성이 더 높다. 그래서 낙담하거나 절망감에 빠지기도 한다.

이 함정에서 벗어날 실질적인 방법은 자신이 성취한 일과 그동안 받은 칭찬을 기록하는 것이다. 목표를 달성하거나 초과 달성할 때마다, 아니면 팀이나 회사에서 가장 높은 성과를 기록할 때마다 긍정적 피드백이 담긴 이메일과 트윗 또는 메시지를 기록한다. 그러면 스스로 잘하고 있다는 객관적 증거를 확보하며, 현실이 버겁다는 느낌이 들거나 의구심이 생길 때 기록을 들춰볼 수 있다(또 하나의 혜택으로, 성취 기록을 활용하면 자기 평가와 성과 검토가 간편해진다).

긍정적인 면 무시

이 생각의 함정은 필터링과 매우 유사하지만, 불안한 성취자에게 자주 나타나기 때문에 따로 언급한다. 나는 많은 리더가 자신의 성공을 운 또는 좋은 타이밍에 따른 우연이라고 주장하거나, 누구라도 할 수 있는 일이라고 과소평가하는 이야기를 자주 들었다.

이런 태도에는 겸손한 면도 있으므로 다른 함정만큼 해롭지 않다. 하지만 이 함정 때문에 다시 성공을 거두거나 새로운 시도를 하지 못하면 심각한 문제가 생길 수 있다. 예를 들어, 예전 동료 중 한 명은 대중 앞에서 발표하기를 두려워했다. 여러 번 호평을 받았는데도 매번 우연이라고 생각해 결국 더욱 공식적인 역할을 할 좋은 기회를 놓치고 말았다.

'이래야 한다'는 말

'지금쯤이면 경력을 더 발전시켜야 한다', '회사에서 승진하기가 이렇게 어렵지 않아야 한다', '더 잘 알아야 한다'와 같은 생각의 함정은 높은 희망이나 기대에 현실이 미치지 못할 때 매우 흔하게 모습을 드러낸다. 그런 사례는 무궁무진하다. 번스는 이렇게 보았다.

"'이래야 한다should' 또는 이와 유사한 '해야 한다must', '하고야 만다ought to', '반드시 한다have to'라는 표현이 들어간 문장은 변화를 일으키고 목표를 향해 나아갈 준비를 하게 만들기보다 좌절감과 반항심을 불러일으켜 기분이 상하고 의욕이 떨어지게 한다."

'이래야 한다'라는 말을 쓰고 있다면 더 부드럽고 덜 까다로운 표현으로 바꿔라. 예를 들어, '지금쯤이면 경력을 더 발전시켜야 한다' 대신 '지금쯤이면 더 발전하고 싶다'로 바꾼다. 그런 다음 문제를 해결하기 위해 어떤 조치를 해야 하는지 생각해본다. 만약 있다면 그 조치를 취하고, 조치가 없다면 '이래야 한다'라는 말이 비현실적이라는 사실을 깨달을 수도 있다. 예를 들어, '상사의 요구를 항상 예측해야 한다'라는 기준은 달성할 수 없다.

사회적 비교

다른 사람과 비교하는 습관은 특히 치명적인 자기 평가로 이

어질 때 더욱 해롭다. "그는 항상 나보다 더 높은 내출을 올릴 거야", "그녀는 항상 나보다 더 많은 돈을 벌 거야"와 같이 남과 비교하면 직장에서 경쟁이 불건전해지고 불안감이 고조되어 협업과 집단적 성과를 저해한다.

이 습관을 재설정하려면 비교를 호기심으로 바꿔야 한다. 예를 들어, "치하야는 자기가 스스로 생각하도록 훈련되어 있다고 말하네", "저 사람들이 하는 일이 참 흥미로운데, 나도 한번 해보면 어떨까?", 아니면 "음, 저건 저 사람들한테 효과 있었지만 내가 하고 싶은 일은 아닌 것 같아"라고 바꾼다. 핵심은 다른 사람의 성취에 불안해하거나 산만해지기보다 자신이 어떤 사람인지, 무엇을 성취하고 싶은지에 집중하는 것이다.

개인화와 비난

이 2가지는 생각할 때 동일한 오류에서 정반대로 나타나는 현상이다. 개인화는 통제할 수 없는 상황과 행동에 대해 스스로 책임지려 할 때 발생한다. 예를 들어, 직속 부하직원 중 한 명이 어려움을 겪는 것을 자신이 나쁜 관리자라는 증거로 받아들인다. 심리학자들은 우리가 이런 생각의 함정에 빠지는 이유를 스스로 통제하려는 환상과 갈등을 피하려는 성향, 또는 어린 시절 학습된 복종적인 성향이 되풀이되기 때문이라고 말한다.

반면에 비난은 문제를 전적으로 다른 사람 탓으로 돌리는 것이다. 직원이 업무량을 감당하지 못할 때 직원이 왜 당신처럼 높은 기준을 지키지 않는지 이해하지 못한다.

이보다 더 건강한 대응은, 진실은 그 중간 어딘가에 있을지 모른다는 점, 적어도 더 많은 검토가 필요하다는 점을 인식하는 것이다. 예를 들어, 방금 언급한 사례에서는 직속 부하직원을 만나 문제의 원인이 무엇이라고 생각하는지 물어본 다음 잠재적 해결책을 함께 모색한다.

반추

반추는 과거의 부정적 사건, 현재 겪는 문제 또는 미래에 예상되는 문제를 강박적이고 반복적으로 생각하는 습관을 말한다. 그렇게 하면 불안이 증폭되는데도, 이런 습관이 너무 흔하게 나타난다. 부주의한 말과 잘못된 결정, 언짢은 일과 좌절된 시도를 머릿속으로 반복해서 되새겨보지 않은 사람이 있을까? 누군들 직장이나 인간관계에서 어떤 문제에 집착해 다른 것을 잊어버린 적이 없겠는가.

반추가 우리에게 도움이 되는 사고 처리와 다른 점은 새로운 사고와 행동 방식 또는 문제 해결 방법을 제공하지 않는다는 것이다. 반추는 그저 같은 영역만 반복해서 다루기 때문에 우리를 부정적 사고방식에 갇히게 만든다.

미래에 초점을 맞춰 반추하면 기분이 좋아진다고 생각할 수도 있다. 힘든 일이 걱정되면 그 일을 더 열심히 하고, 나쁜 결과가 나올까 봐 초조하면 그 결과를 피하고자 최선을 다한다. 하지만 실제로 반추는 그런 식으로 작동하지 않는다. 한 가지 문제에 집착하면 거의 언제나 아무런 행동도 하지 않는 패턴에 빠진다.

나는 반추를 그만두고 싶을 때 그런 생각을 글로 써서 비합리적이거나 비논리적인 면을 더 잘 알아차리는 방법을 사용한다. 그렇게 하면 앞으로 나아가고 싶다는 동기가 생긴다.

감정적 추론

이 함정은 '내가 그렇게 느끼므로 그것은 분명히 사실이다'라는 말로 요약할 수 있다. 예를 들면, '나는 비행기를 타기가 무섭다. 비행기를 타는 것은 분명 아주 위험하기 때문이다'와 같은 추론이다. 하지만 심리학자라면 누구나 감정은 사실 생각과 믿음의 산물이며, 한쪽으로 생각이 치우치면 그로 인해 경험하는 감정이 현실을 반영하지 않는다고 말할 것이다.

직장에서의 감정적 추론은 업무량이 너무 많고 내게는 그 일을 처리할 능력이 없다는 식으로 나타난다. 안타깝게도 감정적 추론은 건강하지 않은 반응을 불러일으키며, 이 반응은 현실로 나타날 수 있다. 예를 들어, 일이 버겁다는 느낌이 들어 회피나 미루기로 대응한다면 나쁜 상황이 더 악화된다.

이럴 때는 감정적 추론에 깊이 빠지는 대신, 다른 생각의 함정을 다룰 때와 마찬가지로 머릿속 생각에서 벗어나기 위해 할 수 있는 일을 해야 한다. 공정한 관찰자와 이야기하고, 감정적 추론의 사례가 진실인지 확인하는 테스트를 해보라. 예를 들어, 자신이 무능하다는 느낌은 과장되거나 거짓일 가능성이 매우 높다.

함정 피하기

각 유형의 함정에 대처하는 방법에 대해 몇 가지 조언을 했는데, 이 밖에도 중요한 실천을 통해 함정을 피하거나 함정에서 벗어날 수 있다(좋은 심리치료사와 함께 진행하는 방법도 추천한다).

불안을 아군으로 삼아라

불안이라는 복잡한 감정을 잘 활용하면 유용한 정보의 원천이 되고 궁극적으로 리더십에도 도움이 된다. 하지만 그러기 위해서는 불안을 더 잘 이해해야 한다. 스스로 다음과 같이 질문을 던져보라. '정확히 뭐가 걱정되는가?', '사람 때문인가, 상황 때문인가, 아니면 잠재적 결과 때문인가?', '왜 그것에 대해 불안해하는가?'

불안감의 진정한 원인을 파악하면 반사적인 행동을 멈추고 의도와 집중력을 가지고 일할 수 있다. 치하야는 그의 '신경증적인' 자아와 화해했다고 말한다.

"이게 저의 자연스러운 성향이고, 여러 문제를 미리 생각하게 해서 어떤 면에서는 도움이 된다는 사실을 깨달았어요."

자기 연민을 실천하라

오스틴 텍사스 대학교 심리학 교수 크리스틴 네프Kristin Neff 가 밝힌 대로, '자기 판단'을 '자기 친절'로 바꾸면 불안이 크게 줄어든다. 자신에게 더 긍정적으로 접근하면 기분이 좋아지고, 더 명확하게 사고하며, 생각의 함정에서 벗어날 수 있다.

한 가지 연습 방법을 소개한다. 직장에서 만족스러운 결과를 얻었거나, 친구와 사려 깊은 대화를 나눴거나, 바쁜 와중에도 운동을 열심히 한 경우 등 최근에 잘한 일을 생각해보라. 그런 다음 스스로 "잘했어"라고 말하며 진정으로 그 순간을 음미하라. 부정적인 생각이나 비판, 아니면 해야 할 일 목록의 다음 항목으로 넘어가지 마라. 잠깐이라도 성취감을 만끽하라.

유머를 찾아라

어떤 생각의 함정은 그 논리적 결론을 따라가면 정말 어처구니없어지기도 한다. 오타를 냈다고 실제로 해고될까? 회사에서 매출 목표를 달성하지 못한 것이 전적으로 내 탓일까? 물론 그렇지 않다. 이런 생각이 터무니없음을 인정하고 기꺼이 받아들이면 생각의 덫에서 즉시 벗어날 수 있다. 어처구니없는 불안을 웃어넘기는 법을 배우고 불안에서 빠져나와라.

몸을 움직여라

가끔 머릿속 생각에서 벗어나는 가장 좋은 방법은 몸을 움직이는 것이다. 계단을 걸어 올라가라. 일어나서 스트레칭하라. 음악을 틀고 춤을 춰라. 생각만 하는 대신 글로 적으면 뇌와 몸이 어느 정도 분리된다.

지침에 따라 명상하라

전문가들은 오랫동안 불안을 줄이는 방법으로 명상을 권했다. 하지만 나는 생각의 덫에 갇혀 있을 때 조용히 명상을 실천하면 저도 모르게 반추와 재앙, 필터링과 낙인 등 나를 괴롭히는 여러 생각의 함정에 시시각각 빠져들곤 했다. 이럴 때는 지침에 따라 명상하는 방법이 더 효과적일 수 있다. 명상할 때 도움이 되지 않는 생각에 집중하기보다 다른 사람의 안내를 받아 명상을 하면 마법과 같은 일이 생길 수도 있다.

그냥 아니라고 말하라

너무 단순해 보이지만, 제법 효과가 있다. 생각의 함정에 빠졌을 때 "아냐", "그만", "아니, 됐어", "오늘은 안 돼"라고 말하며 생각을 중단하라. 이런 말을 더 많이 할수록 더 강해진다. 뇌는 이 신호를 학습해 불안한 생각에 갇히기 전 그 덫에서 벗어나게 해준다.

생각의 덫에서 벗어나 잠재력 실현하기

계속 생각의 덫에 갇혀 있으면 잠재력을 발휘할 수 없다. 골드스타인은 마음 챙김과 자기 연민 연습을 배우기 위해 휴직한 후 그 덫에서 빠져나왔다. 여전히 가끔 야망과 불안이 고개를 들지만, 더 이상 재앙에 빠져들거나 그 안에 갇히지 않는다.

치하야 역시 증거를 찾아내 자신의 의심과 걱정을 완화하는 방법을 발견했다. 그는 이렇게 설명한다.

"지난 7년 동안 사업에 성공했고, 요즘은 그 어느 때보다 바쁘죠. 이젠 괜찮을 거라고 말할 수 있어요."

나는 불안한 성취자로서의 페르소나를 잘 활용한다. 팟캐스트를 진행하며 이에 관한 책도 썼고, 나와 같은 어려움을 겪는 사람들의 코칭도 한다.

내가 하려는 말은 간단하다. 불안을 잘 활용하고 그로 인한 개인적 피해를 줄이면 더 활기 있게, 독창적으로 일할 수 있다. 성과와 기분이 좋아지고, 사람들이 함께 일하고 싶어 하는 리더가 되며, 긍정적인 변화를 만드는 데 필요한 비전을 제시하고 위험을 감수할 힘이 생긴다. 끊임없이 스트레스 받지 않고도 경력 면에서 더 큰 성공까지는 아니지만 동일한 성공을 거둘 것이다.

모라 에런스멜 Morra Aarons-Mele은 《불안한 성취자: 당신의 가장 큰 두려움을 초인적인 리더십으로 바꾸기The Anxious Achiever: Turn Your Biggest Fears Into Your Leadership Superpower》(2023), 《나는 혼자일 때 더 잘한다Hiding in the bathroom》(2019, 알에이치코리아) 등을 집필했다. 〈뉴욕 타임스〉, 〈월스트리트 저널〉, 〈오프라 매거진〉 등에 칼럼을 기고했으며 링크트인 프레즌트LinkedIn Presents의 팟캐스트 '불안한 성취자Anxious Achiever'를 진행한다. 트위터 @morraam에서 팔로우할 수 있다.
이 글은 모라 에런스멜의 《불안한 성취자》에서 발췌한 것이다.

FOR BUSINESS STUDENTS

불안한 생각의 함정을 극복하는 효과적인 전략

문제

놀랍게도 매우 성공한 사람 중 상당수가 불안에 시달린다. 이들은 흔한 생각의 함정에 빠져 괴로워한다. 모든 일을 부정적으로 해석하거나, 사실이 아닌 생각 패턴이 저절로 떠올라 사실을 명확하게 보거나 효과적으로 의사소통하거나 현실에 기반한 올바른 결정을 내리지 못하는 경우가 많다. 생각의 함정에 대처하기 위해 어떤 불안한 성취자들은 과로에, 다른 사람들은 약물 사용과 회피 또는 수동적 공격성 같은 대처 메커니즘에 의존한다.

해결책

이런 생각의 함정을 극복하기 위한 효과적인 전략이 있다. 불안을 활용하고 그로 인한 개인적 피해를 줄이면 더욱 활기 넘치고 창조적으로 일할 것이다. 업무 성과와 기분이 좋아지고, 사람들이 함께 일하고 싶어 하는 리더가 되며, 긍정적 변화를 만드는 데 필요한 비전을 제시하고 위험을 감수할 것이다. 끊임없이 스트레스 받지 않고도 경력상 더 큰 성공까지는 아니더라도 동일한 성과를 달성할 것이다.

우리는 가면 증후군 앞에서 무력하지 않다

소외된 배경 출신 전문가들이 거둔 성공에는 목시(강한 의지와 자제력, 어려움 속에서도 끈기 있게 버티는 능력)의 힘이 필수적이라는 연구 결과가 있다.

키스 도시

한 여성 이사회 이사가 이런 말을 한 적이 있다.

"저는 경영학 학위도 없고 준비가 부족하다고 느꼈기 때문에 이사회에 들어가서 처음 몇 년 동안 계속 주눅 들어 있었어요."

또 다른 이사는 자신이 농장의 그늘에서 자랐다고 말하면서 이렇게 회상했다.

"아직도 상당히 백인 남성 위주여서 제가 최초의 흑인 여성 이사회 멤버라는 게 놀라워요."

임원 헤드헌팅 회사인 보이든Boyden의 미국 내 CEO 겸 이사회 서비스 실무 임원인 나는 수백 명의 이사 지망자 및 현직 이사들과 교류한다. 나와 대화하는 많은 사람, 특히 소외된 배경의 사람들은 여전히 자신의 자격에 의문을 품는다.

내 경험은, 소외된 배경 출신으로 뛰어난 성과를 거두는 사람은 종종 가면 증후군을 겪거나, 자신의 능력과 업적을 의심하거나, 사기꾼으로 밝혀질까 봐 두려워한다는 연구 결과와 일치한다.[1] 여자와 유색 인종은 스스로 역할에 적합하지 않고, 환영받지 못하며, 소속감이 없다고 느낄 가능성이 더 높다.[2]

가면 증후군을 겪으면 정신적·정서적으로 위축되고 에너지와 주의력이 떨어지며 자기 능력에 미치지 못하는 성과를 내기 때문에 자기 의심의 악순환에 사로잡힌다. 가면 증후군을 경험하면 자기가 한 일을 누구나 할 수 있다고 생각하거나, 그저 운이 좋았을 뿐이라고 여기거나, 다른 사람이 자신을 재능 있다고 착각할까 봐 두려워하며 성공을 깎아내리려 한다. 그것도 모자라, 비틀거리거나 어려움에 직면할 때 스스로 무능하다고 인지하는 정도가 실제보다 훨씬 거대해져 실패할 가능성이 커지는 바람에 증후군에서 벗어나지 못한다.

가면 증후군에 이런 성향이 있다는 것을 인식하면 많은 도움이 된다. 하지만 인식하는 것만으로는 문제를 바로잡을 수 없다. 행동으로 옮겨야 한다. 행동을 취하기 위해서는 목시moxie가 필요하다.

목시의 속성

목시는 강력한 동기 부여에 영향을 미치며, 그릿grit과 자제력, 미루는 습관을 극복하는 능력 등의 특성과도 관련 있다.[3] 목시라는 용어는 1920년대 한 청량음료 회사에서 이 음료를 마시면 활력과 용기, 생기를 얻을 수 있다고 광고하면서 대중에게 알려졌다. 보스턴 레드삭스의 야구 선수 테드 윌리엄스Ted Williams가 음료를 홍보한 후, 힘과 적극성, 기술과 노하우의 줄임말로 미국의 문화 의식 속에 녹아들었다.

내가 직접 조사한 결과, 목시의 속성인 강인한 의지와 자제력, 어려움 속에서도 끈기 있게 버티는 능력은 소수 인종 이사들의 성공에 필수 요소였다.[4] 나와 대화를 나눈 어느 라틴계 임원은 목시를 이렇게 설명했다.

"저는 흑인 동료들이 난관을 극복하는 모습을 보았어요. 그들은 목표를 세울 때마다 달성하곤 했죠. 그들에게는 '지는 것을 용납하지 않는' 사고방식이 있었어요. 그런 모습을 따라 하면서 저도 빠르게 승진했죠."

내가 인터뷰한 이사들은 그들이 직면한 장애물을 개인적 실패로 내면화하지도, 극복할 수 없는 제도적 장벽으로 외면화하지도 않았다고 설명했다. 실제로 내가 그들 앞에 놓였던 장애물을 설명해달라고 하자, 그들은 장애물을 기억하고 설명하는 데 시간이 걸렸다. 장애물을 동기 부여의 원천으로 삼았기 때문이다. 목시가 이들이 어린 시절부터 겪은 인종 차별과 성차별, 미세 공격microaggression 등 사회적 차별에 맞서는 반응으로 형성되었다는 사실이 분명해졌다.

여성 또는 유색 인종으로서 경력을 쌓고 발전하기를 원한다면 장애물을 만나고 실패를 경험할 것이다. 이럴 때는 선택해야 한다. 장애물과 실패에 사로잡힌 채 가면 증후군에 빠질 것인가, 아니면 자신을 일으켜 세우고 목시를 활용해 계속 목표를 향해 나아갈 것인가?

목시를 택하면 실망하지 않을 것이다. 심리학자 제시카 커티스Jessica Curtis와 동료들의 연구에서는, 목시가 강한 사람은 그릿이나 자제력 같은 다른 동기 부여 구성 요소가 강한 사람보다 내재적·외재적 동기를 더 잘 활용하는 것으로 나타났다.[5] 목시가 뛰어난 사람은 목표를 달성할 가능성도 더 컸다. 목표를 달성하기 위해 더 많은 자원을 투자하기 때문이다. 예를 들어, 내가 인터뷰한 어느 이사는 몇 년 동안 컨설턴트로 일하다가 소규모 회사의 CEO가 된 경력이 기업 이사직을 맡는 데 상당한 걸림돌이 된다는 사실을 알았다. 그녀는 이렇게 설명했다.

"이사회에는 여전히 다국적 기업의 현직 CEO를 원한다는 체크리스트에 따라 채용하는 성향이 있더라고요. 그래서 제가 채용 담당자들에게 다가가면 그들은 '어······ 그게······ 당신과 이야기할 만한 가치가 있다고 이사회를 설득해야 할 것 같아요'라고 말하곤 했죠."

이 시점에서 그녀는 자신이 이사회에 적합한 인물이 아니라는 다른 사람들의 의견에 동의할 수도 있었지만, 대신에 자신의 경험과 기술을 이사회에서 이해하고 매력적이라고 느끼도록 설명해야 한다고 판단했다. 이사회에서 일한 지 불과 몇 년밖에 안 된 지금, 그녀는 상장 기업 이사회 3곳과 비영리 단체 이사회 3곳에서 활동한다.

목시를 초능력으로 만들기

연구에서 인터뷰한 소외된 배경을 지닌 이사들과 내가 지속적으로 교류하는 이사 지망자 및 기존 이사들의 경험을 바탕으로 목시를 자신만의 초능력으로 만드는 데 도움이 되는 4가지 전략을 제안한다.

문화적 어려움을 통해 형성된 강점 활용하기

유색 인종은 수 세기에 걸쳐 고난과 억압을 견뎌왔다. 그리고 인종 차별 관련 대처와 인종 트라우마에 따른 외상 후 성장에 관한 연구에 따르면 그들은 이를 통해 독특한 장점을 제공하는 태도와 접근법을 형성했다.[6] 미네소타 대학교 타비사 그리어리드Tabitha Grier-Reed와 동료들은 타인과의 관계를 소중히 여기고, 내면의 힘을 활용하며, 삶을 향한 새로운 관점과 감사의 마음을 키우고, 특히 자신의 영혼과 연결되면 경력과 삶에서 성장하고 번영하는 데 도움이 된다는 사실을 발견했다.[7]

내가 인터뷰한 흑인 여성 이사회 멤버는 조부모님이 유색 인종에게 주어진 기회의 불평등을 이해하도록 키웠다고 설명했다. 그 결과, 그녀는 장벽을 뛰어넘기 위해 치열하게 살았다면서 다음과 같이 설명했다.

"선택의 여지가 없었어요. 같은 세대 다른 여자들처럼 우리는 부모님과 조부모님에게 그냥 밖으로 나가서 부딪히라는 말을 들었죠. 기회가 오면 그 기회를 얻을 자격이 있다는 걸 증명하세요."

내가 인터뷰한 다른 이사들도 그들 앞에 놓인 장애물을 무시한 채 그 속으로 파고들고, 넘어가고, 우회하고, 통과하는 법을 배웠다고 설명했다. 즉, 그들은 목시를 사용했다.

자신의 고난을 목시로 바꾸기 위해 어려움을 극복했던 상황을 찾아보라. 그 상황을 어떻게 극복했는지, 어떻게 해결했는지 생각해보라. 마지막으로, 어떤 원칙을 배우고 어떤 강점을 얻었는지 명확하게 표현해보라. 이런 점이 모두 자기만의 독특한 목시 브랜드를 구성하는 요소가 된다.

예를 들어, 어학생과 유색 인종 학생은 일반적으로 STEM(과학, 기술, 공학, 수학) 과정에 등록하면서 부정적인 고정 관념에 직면한다.[8] 한 여학생은 이렇게 회상했다.

"유기화학을 수강해야 했는데, 다른 친구들은 다 들은 몇 년 동안의 기초 과정을 저는 배우지 않았어요. 그래서 다른 사람들 눈에 매우 초보적으로 보이는 질문을 많이 했죠. 그러자 학생과 강사, 멘토 등 모두 제가 그 자리에 어울리지 않는다고 여기면서 도와주려 하지 않더군요. (…) 밤을 꼬박 새워 추가 자료를 읽고 수업 노트와 숙제를 여러 번 검토하면서 천천히 따라잡았어요. 그리고 마침내 최고 성적으로 학위 과정을 마쳤죠."

이 경험을 통해 그녀는 자신이 도전을 즐긴다는 것을 깨달았고, 자신의 강점인 강한 직업윤리와 자제력, 집중력을 비롯해 지원이 제한된 상황에서도 낯선 과학 자료를 학습하는 능력을 활용하는 방법을 체득했다. 이렇게 형성된 목시는 그녀의 경력에 계속해서 도움이 되었다.

자신에게 놀이 허락하기

런던 경영대학원 교수 허미니아 아이바라Herminia Ibarra는 우리가 새로운 직업적 도전과 역할을 감행할 때 새로운 아이디어와 행동을 통해 실험하는 '정체성 놀이'에 대해 광범위한 연구를 했다.[9] 그녀는 '놀이'라는 용어를 사용해 새로운 역할은 더욱 익숙한 역할처럼 수행하지 못하는 것이 당연하다는 사실을 강조했다.

이때 놀이가 '될 때까지 그런 척하는' 상황이 아니라는 점이 중요하다. 대신 새로운 행동을 시도하고 자신감을 얻고 스스로 발전할 시간과 공간을 확보해 진정 새로운 역할을 소화하도록 성장하는 것이 핵심이다. 내가 인터뷰한 한 임원도 같은 방법을 핵심 전술로 사용했다. 그는 이렇게 설명했다.

"부채 금융, 채권 시장, 투자자 기반과 같은 말은 모두 저에게 낯선 개념이었어요. 그래서 이런 주제가 나왔을 때 계속 이 바닥에 있으려면 충분한 지식을 갖춰야 한다고 저 자신을 거듭 일깨웠죠. 그리고 배우는 자세로 계속 노력하고 집중했어요."

자기만의 정체성 놀이를 개발하고 싶다면 아직 학습 중인 업무 상황을 떠올려보라. 상황이나 역할을 의도적인 행동 설계와 실험, 자신의 성과에 대한 데이터 수집 등과 같은 일련의 작은 학습 경험으로 나눠라. 그런 다음 학습 경험 과정을 반복하라.

부정적 의견 무시하기

경력과 인생에서 많은 성취를 이루기 위해 열심히 노력하면, 나에게 맞지 않는 방식으로 나의 부족함을 지적하는 사람들을 만날 것이다. 1970년대 미국 기업 사회에서 선구적 커리어우먼이었던 칼릴 제이미슨Kaleel Jamison은 부정적 메시지를 자신을 작게 만들려는 '흠집nibble'이라고 불렀다.

자기에게 흠집이 있다는 지적에 동의하면(더 심각하게는 자기 자신에게 흠집을 내기 시작하면) 가면 증후군을 스스로 키우는 셈이다. 나는 불과 몇 달 전에 직책을 맡았음에도 회사에서 혁신적 변화를 주도하는 젊고 유능한 멘티에게서 최근 이런 현상을 목격했다. 그녀가 제안한 아이디어는 상사와 CEO의 찬사를 받았지만, 또 다른 임원은 "당신의 계획은 절대로 실행할 수 없어요"라고 말하면서 그녀를 가로막았다. 그로 인해 그녀는 걷잡을 수 없는 자기 의심의 구렁텅이에 빠졌다.

그녀의 계획을 살펴본 나는 그 비판이 근거 없음을 알고, 뭔가 다른 사정이 있을 것 같다고 의심했다. 상황을 보고받은 후, 나는 그녀가 본의 아니게 임원의 업무를 비판하는 방식으로 계획을 알려 임원의 반발이 예정된 것이나 다름없었다는 사실을 알았다. 문제를 파악한 뒤 우리는 임원을 포함해 이 상황과 관련 있는 다양한 이해관계자의 지원을 요청하기 위한 효과적인 방법에 대해 논의했다. 그 후 그녀는 더 성공적인 접근 방식을 만들어 실행했고, 이 경험을 통해 역량을 강화했다.

비판받으면 먼저 비판을 하나의 가설(예를 들면, '이 계획은 효과가 없을 것이다')로 재구성하라. 그런 다음 신뢰할 만한 멘토에게 피드백을 받거나 위험도가 낮은 개념 증명을 수행하는 등 가설을 테스트할 방법을 찾아라. 그리고 마지막으로, 데이터를 수

집하고 가설을 테스트하라. 결과에 상관없이 발전하는 데 도움이 될 구체적이고 실행 가능한 피드백을 얻을 것이다.

물러날 때 알기

루치카 툴슈얀Ruchika Tulshyan과 조디앤 버레이Jodi-Ann Burey가 지적했듯이 가면 증후군은 종종 직장에서 조직적 편견과 인종 차별을 감추기 위해 사용된다.[10] 따라서 모든 상황에서 목시가 통하지는 않는다.

내가 인터뷰한 한 임원은 직장에서 CEO가 되는 것이 오랜 꿈이었다.

"저는 좋은 성과를 내고 있었지만, 경영진이 실제로 최고 경영자가 될 기회를 얻는 사람과 그렇지 않은 사람을 결정하는 방식을 통제할 수 없다는 걸 깨달았어요. 그래서 여전히 CEO가 되고 싶었지만 꼭 그 자리에 있을 필요는 없다는 생각에 어려운 결정을 내리고 퇴사했죠."

장애물을 만났을 때는 시간을 내어 극복하는 데 필요한 역량과 에너지, 열정을 평가한 다음, 그런 방식으로 자원을 투자할지 냉정하게 평가하라. 예를 들어, 성공을 위해서는 자신에게 없는 지식이나 기술이 필요한데 주어진 기간 안에 이를 현실적으로 개발할 수 없거나 성공에 필요한 멘토링이나 지원을 받을 수 없다면 물러나는 편이 더 현명할 것이다. 자신이 직면한 장애물을 신중하게 평가하면 충분한 정보를 바탕으로 도전에 나서거나, 더 적합한 환경에서 자기 능력을 재배치할 수 있다.

앞에서 설명한 단계가 쉽지 않다는 것을 인정한다. 가면 증후군에서 벗어나 목시를 받아들이려면 가정과 가치관, 신념을 재검토하고 새로운 행동을 무릅쓰며 예전보다 치열하게 자기 자신과 자신의 성장을 위해 헌신해야 한다. 다시 말해, 목시를 받아들이는 여정은 혁신적 학습의 길로 우리를 안내한다. 그리고 이 학습은 '성장이란 불편함에서 비롯된다'는 진리에 뿌리를 둔다. 조지 버나드 쇼George Bernard Shaw의 희곡『므두셀라로 돌아가라Back to Methuselah』에 등장하는 노인은 이렇게 충고한다.

"인생은 만만치 않단다. 그래도 용기를 내렴. 유쾌한 인생이 될 수도 있으니까."

1   Joe Langford and Pauline Rose Clance, "The Imposter Phenomenon: Recent Research Findings Regarding Dynamics, Personality and Family Patterns and Their Implications for Treatment," *Psychotherapy: Theory, Research, Practice, Training* 30, no. 3 (1993): 495–501.

2   Cara MacInnis, "Impostor Syndrome as a Diversity, Equity & Inclusion Issue," UCalgary Psychology Equity, Diversity and Inclusion Blog, February 12, 2020, https://www.ucalgary.ca/news/impostor-syndrome-diversity-equity-inclusion-issue.

3   Jessica Curtis et al., "Moxie: Individual Variability in Motivation Intensity," *Current Psychology* (2022).

4   Keith D. Dorsey, "Corporate Board Diversity: A Path to Board Service from the Wisdom of Black Women Directors" (PhD diss., University of Southern California, 2022).

5   Curtis et al., "Moxie."

6   Veronica E. Johnson and Robert T. Carter, "Black Cultural Strengths and Psychosocial Well-Being: An Empirical Analysis with Black American Adults," *Journal of Black Psychology* 46, no. 1 (2020): 55 –89.

7   Tabitha Grier-Reed et al., "Posttraumatic Growth and Flourishing in the Face of Racial Trauma," *Psychological Trauma: Theory, Research, Practice, and Policy* 15, no. 1 (2023): 37 –44.

8   Maria Temming, "STEM's Racial, Ethnic and Gender Gaps Are Still Strikingly Large," *Science News*, April 14, 2021, https://www.science-news.org/article/science-technology-math-race-ethnicity-gender-diversity-gap.

9   Herminia Ibarra, "Provisional Selves: Experimenting with Image and Identity in Professional Adaptation," *Administrative Science Quarterly* 44, no. 4 (1999): 764 –791.

10   Ruchika Tulshyan and Jodi-Ann Burey, "Stop Telling Women They Have Imposter Syndrome," hbr.org, February 11, 2021.

키스 도시 Keith D. Dorsey는 45개국에 75개 지사를 둔 임원 헤드헌팅 회사 보이든의 미국 내 경영 파트너이자 CEO 및 이사회 서비스 부문 실무 임원이다. 빙리 베니핏 솔루션스와 페퍼다인 대학교 그라지 아디오 경영대학원, 라 퀸타시의 재정자문위원회에서 연구원, 저자, 고문, 활동적인 이사회 멤버로 일하고 있다.

가면 증후군을 이겨내는 방법

문제

소외된 배경 출신으로 높은 성취를 이룬 사람들은 종종 가면 증후군에 직면하거나, 자신에게 자격이 없으며 환영받지 못하거나 소속감이 없다고 느낀다. 하지만 가면 증후군을 인식한다고 문제를 바로잡을 수는 없다.

해결책

목시의 속성, 강인한 의지와 자제력, 어려움 속에서도 끈기 있게 버티는 능력과 같은 기질은 소외된 배경을 지닌 임원들이 성공하는 데 필수적 요소다. 이들은 다음과 같은 4가지 전략을 통해 목시를 키웠다. 문화적 어려움을 통해 형성된 강점 활용하기, 자신에게 놀이 허락하기, 반대하는 사람 무시하기, 물러나야 할 때 인식하기.

피드백의 오류

마커스 버킹엄, 애슐리 구달

직장에서의 피드백 논쟁은 새삼스럽지 않다. 20세기 중반부터 어떻게 하면 직원의 역량을 향상할지와 관련해 다양한 견해와 연구가 있었다. 하지만 최근 이에 대한 논의가 새로운 방향으로 급물살을 타고 있다.

비판적인 피드백을 통해 기업의 성과가 높아진다는 결정적인 믿음을 보여주는 2가지 사례가 있다. 미국의 헤지펀드 브리지워터 어소시에이츠의 '급진적 투명성' 실험과 최근 〈월스트리트 저널Wall Street Journal〉에서 '가혹한 피드백을 장려'해 직원들을 24시간 내내 '치열하고 불편한 상태'에 노출시킨다고 묘사한 넷플릭스의 문화가 이에 속한다. 두 기업은 성과를 높이기 위해 엄격하고 빈번하게, 그리고 하나하나 솔직하고 철저하게 피드백해야 한다고 강조한다.

그렇다면 과연 피드백을 어떻게 주고받아야 할까? 얼마나 자주, 얼마나 많이, 어떤 식으로 적용해야 할까? 브리지워터와 넷플릭스의 접근 방식을 고려할 때, 얼마나 냉철하고 무자비할 정도로 솔직해야 할까? 하지만 이런 질문을 하기 전에 생각해야 할 중요한 문제가 있다. 더 나은 피드백 방법을 찾는다는 것은 피드백이 항상 효과 있다고 가정한다는 뜻이다. 그런데 피드백을 하는 유일한 목적은 직원들이 더 나은 업무 성과를 올리도록 돕기 위해서다. "어떻게 하면 개개인이 역량을 발휘하고 발전하도록 도울까?"라는 질문을 검토한 뒤, 우리는 그 답이 전혀 낯선 방향으로 나아간다는 사실을 알아차렸다.

명확하게 말하면 지침, 즉 어떤 단계를 따라야 하는지, 어떤 사실적 지식이 부족한지 사람들에게 알려주면 매우 효과적이다. 비행기 조종석이나 수술실 체크리스트가 여기에 해당한다. 병원에서 간호사가 안전하게 주사를 놓는 데는 분명 올바른 방법이 있다. 그리고 초보 간호사가 여러 과정 중 하나에서 실수하거나 환자 상태에 대한 중요한 정보를 모르면 누군가 알려줘야 한다.

하지만 최소한의 업무 수행에 필요한 행동이나 지식이 사전에 객관적으로 정의된 경우는 드물다. 우리가 생각하는 '피드백'이 제각각이기 때문이다. 효율적인 발표를 하든, 팀을 이끌든, 전략을 수립하든, 피드백은 사람들의 성과에 대해 우리가 어떻게 생각하는지, 어떻게 하면 더 잘할 수 있는지 알려준다. 그리고 이에 관한 연구 결과는 뚜렷하다. 실제로 임원이 직원들의 성과에 대해 말하면 직원들의 성장과 성취에 도움이 되지 않는다. 특히 어떻게 개선해야 한다고 말하면 오히려 학습에 방해가 된다.

'피드백은 유용하다'라는 현재의 확신을 뒷받침하는 것은 기업 사회에서 일반적인 진리로 통용되는 3가지 이론 때문이다. 첫째, 다른 사람이 내 약점을 나보다 더 잘 알기 때문에 내게 알려주는 것이 가장 좋은 방법이라는 이론이다. 이 논리를 '진실 원천의 이론theory of the source of truth'이라고 한다. 이 논리에 따르면 나는 내 옷차림이 초라하거나 발표가 지루하거나 목소리가 거슬린다는 사실을 깨닫지 못하므로, 동료가 가능한 한 명확하게 나의 '현재 상태'를 알려줘야 한다. 누군가 알려주지 않으면 나는 절대로 알 수 없으며, 이는 좋지 않은 결과로 이어질 것이다.

둘째, 학습 과정이 빈 그릇을 채우는 과정과 같다는 이론이다. 필요한 특정 능력이 부족한 경우, 다른 사람이 그 능력을 가르쳐줘야 한다. 이를 '학습 이론theory of learning'이라고 한다. 영업부 직원이 잠재 고객을 '미러링하고 매칭'하는 역량을 학습하지 않으면 어떻게 거래를 성사시키겠는가? 학교 교사가 최신 팀 티칭 기법이나 '플립형 교실(학생들이 미리 학습 내용을 공부하고 수업 시간에 이를 바탕으로 심화 학습이나 토론, 문제 해결을 하는 수입 방식-옮긴이)'과 같은 단계를 배우고 연습하지 않으면 어떻게 실력이 좋아지겠는가? 부족한 스킬을 향상하기 위해서는 피드백이 필요하다.

셋째, 뛰어난 성과는 보편적이고 분석 가능하며 설명할 수 있을 뿐만 아니라, 일단 정립되면 다른 사람에게 전파된다는 이론이다. 그러므로 탁월함에 대해 피드백을 받은 사람은 스스로 탁월함의 이상에 미치지 못하는 부분을 파악하고 부족한 점을 보완하기 위해 노력한다. 이 믿음을 '탁월함의 이론theory of excellence'이라고 한다. 임원의 경우라면 사장이 임원에게 그 행동 모델을 제시하고 이를 준수하기 위해 무엇을 해야 하는지 알려줄 수 있다. 기업의 경영자가 되고 싶은 사람에게는 회사에서 다면평가 피드백 도구를 사용해 미리 정의된 리더십 역량과 그 사람의 역량을 비교해 측정한 다음, 결과에서 부족한 역량을 습득하도록 다양한 과정이나 경험을 제안한다.

이 3가지 이론은 '자기중심적'이라는 공통점이 있다. 다시 말해, 사람들은 자기는 전문적이고 동료는 비전문적이라는 것을 당연하게 받아들인다. 자기 방식이 곧 상대방의 방식이어야 한다고 가정한다. 하지만 결과적으로 자기 방식을 기준으로 다른 사람의 성과 창출 방식을 추론하기 때문에, 자주 도를 넘어 잘못된 판단을 하고 만다.

우리가 연구한 결과, 3가지 이론 모두 사실이 아니었다. 이런 이론에 더 많이 의존할수록, 그리고 이론에 기반한 기법을 더 많이 사용할수록 다른 사람들에게서 얻는 학습 성과와 생산성이 떨어질 수 있다. 그 이유를 이해하고 좀 더 효과적인 성과 향상 방법을 찾기 위해 이 이론들을 자세히 살펴보자.

피드백에는 진실보다 왜곡이 더 많다

피드백의 첫 번째 문제점은 다른 사람을 객관적으로 평가하지 못한다는 것이다. 지난 40년 동안 계량심리학자들은 여러 연구를 통해 사람은 사업 통찰력이나 적극성 같은 추상적인 자질에서 자기만의 확고한 생각이 있어 다른 사람을 정확하게 객관적으로 평가하지 못한다는 사실을 밝혀냈다. 우리의 평가는 다른 사람을 평가하는 기준에 대한 이해, 특정 역량의 우수성에 대한 감각, 평가자로서의 가혹함 또는 관대함, 내재적이고 무의식적인 편견에 많은 영향을 받는다. 이런 현상을 '평가자 특성 효과'라고 한다. 이 효과는 상당히 크며(다른 사람에 대한 평가의 절반 이상이 그 사람이 아니라 내 특성을 반영한다) 탄력적이다(어떤 교육으로도 완화될 수 없다). 다시 말해, 피드백에는 진실보다 왜곡이 더 많다.

그래서 피드백 방법에 대한 다양한 교육이 있지만 여전히 제대로 피드백을 받기가 어렵다. 피드백을 받는 사람은 왜곡의 숲을 헤쳐가면서 스스로 납득할 만한 단서를 찾아야 한다.

그리고 다른 사람에 대한 피드백은 항상 대상자가 아닌 실시자 위주이기 때문에 '체계적 오류'가 발생하며, 이 오류는 종합적으로 평가할 때 더욱 커진다. 세상에는 무작위 오류와 체계적 오류라는 2가지 측정 오류가 존재한다. 무작위 오류는 여러 측정값의 평균을 내어 줄일 수 있는 반면, 체계적 오류는 줄이기가 불가능하다. 안타깝게도, 우리는 수학 수업 시간에 2가지 오류 중 전자만 기억하고 후자는 잊어버린 것 같다. 우리 역시 평가 오류를 무작위적인 것으로 간주하고 평가 및 리더십 피드백 도구를 구축했는데, 실은 그렇지 않았다. 평가 오류는 체계적이었다.

색맹을 생각해보라. 색맹인 사람에게 장미의 붉은색을 평가해달라고 요청한다면 우리는 그 사람이 붉은색을 볼 수 없으므로 그의 '평가'를 기대하지 않고 피드백도 신뢰하지 않을 것이다. 이때의 오류는 무작위적이지 않다. 예측 가능하고 설명할 수 있으며, 측정 시스템의 결함에서 비롯된 것이므로 체계적이다. 7명의 색맹 환자에게 장미의 붉은색을 평가해달라고 요청해도 그들의 오류 역시 하나같이 체계적일 것이며, 그들의 평가를 평균화한다고 해도 실제 장미의 붉은색을 판단하는 데 전혀 가깝지 않다. 아니, 그보다 더 심각하다. '회색', '진한 회색', '흐린 회색', '탁한 갈색' 등 부정확한 붉은색 평가를 모두 더하고 평균을 내더라도 장미에 대한 개개인의 사적 경험에서 비롯된 적절한 깨우침과 실제 장미의 붉은색에 대한 진실에서 멀어질 뿐이다.

전략적 사고와 잠재력, 정치적 식견과 같은 추상적 속성 측면에서 우리는 색맹과 다를 바 없다는 사실이 연구를 통해 밝혀졌다. 우리가 다른 사람을 제대로 평가하지 못한다는 점은 얼마든지 예상하고 설명할 수 있으며, 게다가 아주 체계적이다. 더 많은 데이터를 추가로 입력하고 평균을 내더라도 오류를 제거할 수 없다. 오히려 오류가 더 커질 뿐이다.

더 심각한 문제는 우리가 색맹과 같다는 점이 과학적으로 증명된 지 오래되었는데도 비즈니스 세계에서는 그 사실을 인정하지 않는다는 점이다. 비즈니스 세계에서는 마음속 깊은 곳에서 저마다 자기가 오류를 많이 범하지 않는다고 생각한다. 스스로 다른 사람을 믿을 만하게 평가할 수 있는 사람이라고 생각한다. 자신이 진실의 원천이라고 생각한다. 하지만 그렇지 않다. 오류의 원천일 뿐이다.

한 가지 피드백 도구를 사용해 8명의 동료에게 자신의 사업 통찰력에 대해 설문 조사를 했을 때 3.79점이 나왔다고 가정하자. 이 점수는 한 사람만 대상으로 했을 때보다 훨씬 크게 왜곡된다. 3.79라는 숫자는 신호가 아니라 그저 잡음일 뿐이다. (a) 이런 종류의 데이터 기반 피드백이 점점 더 늘어나고, (b) 이

데이터를 회사에서 장기간 보관할 가능성이 높으며, (c) 급여와 승진, 교육과 배치 또는 해고에 사용된다는 점을 고려할 때, 근본적으로 얼마나 큰 오류가 생길지 냉정하게 판단해야 한다.

인간이 진실의 원천이 될 수 있는 유일한 영역은 자신의 감정과 경험뿐이다. 의사들은 오래전부터 이 사실을 알고 있었다. 의사는 수술 다음 날 아침 환자를 진찰하면서 환자에게 "통증의 강도를 1~10점 척도에서 10이 가장 높다고 할 때 자신의 통증이 몇 점입니까?"라고 묻는다. 환자가 '5점'이라고 대답하면 의사는 온갖 치료법을 동원해 처방을 내릴지언정, 환자가 내린 점수에 토를 달지 않는다. 아무리 수술 경험이 많은 의사라 하더라도 환자에게 지금 당신이 느끼는 '5점'은 틀렸고, 실제로 오늘 아침의 통증은 '3점'이라고 주장하는 것은 터무니없기 때문이다.

'5점'이 무엇을 의미하는지 자세히 설명하려 하고, 문화적 차이로 인해 '5점'이 실제로는 '5점'이 아닐 수 있음을 입증하려는 시도는 큰 의미가 없다. 한 환자의 '5점'이 복도 끝 병실에 있는 다른 환자의 '5점'과 같은지 확인하기 위해 다른 의사들과 교정회의를 하는 것도 무의미하다. 그 대신 의사는 환자가 자신의 통증을 가장 잘 판단하며, 그 점수가 낮을수록 건강 상태가 좋아진다고 확신할 것이다. 통증에 대한 평가는 의사가 아니라 환자가 한다.

의사가 통증의 진실을 알지 못하는 것처럼, 객관적인 방법으로는 동료에 대한 진실을 알지 못한다. 오늘날 직장인, 특히 밀레니얼 세대에서 이런 경향이 두드러진다. 이들은 자신이 어떤 위치에 있는지 알고 싶어 한다. 가끔 팀원들에게 객관적으로 자기 업무에 대해 말해달라고 요청하기도 한다. 이런 질문에 답하는 것이 우리의 의무라고 생각할 수도 있다.

하지만 우리 중 누구도 동료를 제대로 평가할 수 없다. 우리가 할 수 있는 일은 자신의 감정과 경험, 반응을 공유하는 것뿐이다. 누구의 목소리가 거슬리는지, 그 사람의 말에 설득력이 있는지, 그의 발표가 지루한지 정도만 말할 수 있다. 다른 사람이 어느 위치에 있는지는 말할 수 없지만, 그 사람이 우리와 비교할 때 어느 위치에 있는지는 말할 수 있다. 그리고 이런 판단은 다른 사람의 진실이 아니라, 우리의 진실이다. 겸손한 주장이지만 그래도 정확하다.

우리는 어떻게 학습하는가?

흔히 접하는 또 다른 이론은 피드백에 유용한 정보가 포함되어 있으며, 이 정보는 한 사람의 학습을 촉진하는 마법과 같은 성분이라고 주장한다. 다시 말하지만, 우리 연구 결과는 이와 정반대다. 학습에는 그 자리에 없는 무언가를 추가하기보다 이미 있는 것을 인식하고, 강화하고, 개선하는 기능이 있다. 2가지 이유 때문이다.

첫째, 신경학적으로 사람은 더 뛰어난 능력을 갖춘 영역에서 더 많이 성장한다(자신의 강점이 개발 영역이다). 뇌는 평생 계속 발달하지만, 사람마다 발달하는 방식이 다르다. 유전 요인과 유아기 환경의 특이성 때문에 사람의 뇌는 저마다 무척 독특한 방식으로 연결되어 있다. 어떤 부분은 시냅스 연결이 촘촘한 반면, 어떤 부분은 덜 촘촘하다. 이런 패턴은 사람마다 다양하게 나타난다. 뇌 과학에 따르면, 사람은 이미 가장 많은 뉴런과 시냅스 연결이 존재하는 곳에서 훨씬 많은 뉴런과 시냅스 연결이 이루어진다. 다시 말해, 뇌는 각자 강한 영역일수록 더 많이 발달한다.

뉴욕 대학교 신경과학 교수 조지프 르두Joseph LeDoux는 이렇게 말한 바 있다.

"뇌에서 연결이 새롭게 추가되는 현상은 나무에서 새로운 가지가 나는 것보다 나뭇가지에서 새싹이 돋아나는 것에 가깝다."

그런 관점에서 볼 때, 학습은 이미 내 안에 있는 고유한 패턴을 조금씩 성장시키는 것과 같다. 즉, 학습은 다른 사람의 패턴이 아니라 나의 패턴을 이해하는 데서 시작해야 한다.

둘째, 다른 사람이 내 강점에 관심을 보이는 것은 학습을 촉진하지만, 약점에 대한 관심은 학습을 방해한다. 신경과학에서는 다른 사람이 우리에게 효과적인 부분에 집중하지 않고 그렇지 않은 부분을 개선하려 할 때 어떤 일이 일어나는지 잘 보여준다. 한 실험에서 연구진은 학생들을 두 그룹으로 나눠, 한 그룹에는 긍정적인 코칭을 제공하고 학생들에게 꿈이 무엇인지, 그 꿈을 이루는 방법이 무엇인지 질문했다. 다른 그룹에는 숙제와 함께 학생들이 잘못이라고 생각하는 것, 고쳐야 한다고 생각하는 것을 물었다. 이 실험을 진행하는 동안 연구진은 학생들의 뇌에 기능성 자기공명영상fMRI 장치를 연결하고 다양한 종류의 자극에 뇌의 어느 부분이 가장 활성화되는지 관찰했다.

무엇을 고쳐야 하는지 질문받은 학생들의 뇌에서는 교감 신경계가 작동했다. 이것은 '투쟁 혹은 도피 시스템'으로, 뇌의 다른 부분을 무력화하고 생존에 가장 필요한 정보에만 집중하게 한다. 뇌에서는 비판적 피드백을 위협으로 받아들이고 활동량을 줄인다. 케이스웨스턴리저브 대학교 심리학 및 경영학 교수인 리처드 보이애치스Richard Boyatzis는 연구 결과를 요약하면서 이렇게 말했다.

"비판으로 생긴 부정적 감정은 기존의 신경 회로에 접근을 억제하고 인지, 정서, 지각 장애를 유발한다."

자신의 단점이나 부족한 부분에 집중하는 것은 학습 효과를 높이는 데 도움이 되지 않고, 오히려 나쁜 영향을 끼친다.

자신의 꿈과 그 꿈을 이루는 방법에 집중한 학생들은 교감신경계가 작동하지 않았고, 그 대신 '휴식 및 소화 시스템'이라고 불리는 부교감 신경계가 작동했다. 보이애치스의 말을 다시 인용하겠다.

"부교감 신경계는 성체 뇌신경 생성, 즉 새로운 뉴런의 성장을 자극해 행복감과 더 뛰어난 면역 체계 기능, 인지적·정서적·지각적 개방성을 촉진한다."

이 연구 결과를 통해 2가지 중요한 사실을 알 수 있다. 첫째, 이미 알고 있는 것에 새로운 정보를 더하거나 확장하면서 무언가를 더 잘하려 할 때 학습 효과가 발생한다. 학습 효과는 우리가 못하는 일이 아니라 잘하는 일을 파악하는 데 달려 있다. 우리가 못하는 일을 다른 사람이 어떻게 느끼는지와는 상관없다. 둘째, 다른 사람이 우리에게 효과적인 방식에 주의를 기울이고 그 방식을 발전시키라고 요청할 때, 가장 많이 학습한다. 흔히 학습의 핵심은 안전지대에서 벗어나는 것이라고 하지만 우리 연구에서는 상반된 결과가 나타났다. 안전지대에서 크게 벗어나면 뇌는 살아남기 위해 다른 데 주의를 기울이지 못한다. 신경 회로가 가장 집중되어 있는 안전지대에서 많은 학습을 한다. 가능성이 가장 많이 열려 있는 것도, 가장 창조적이며 통찰력과 생산성을 발휘하는 것도 이 영역이다. 우리는 몰입을 경험하는 이 지점에서 피드백을 받아야 한다.

올바른 피드백으로 각자의 탁월함 개발하기

사람들은 직장 생활 대부분을 탁월함을 추구하는 데 할애한다. 탁월함을 정의하기는 쉽지만, 나와 팀원 모두가 어떻게 탁월함에 도달해야 하는지 체계화하기는 정말 어렵다. 이런 관념을 거꾸로 뒤집어보니, 탁월함을 정의하기는 어려워도 탁월함에 도달하기는 비교적 쉬웠다.

탁월함은 저마다 독특하다. 다른 사람을 웃게 만드는 능력, 즉 유머 감각을 예로 들어보자. 미국의 유명한 코미디언 스티브 마틴Steve Martin의 초창기 영상을 보면 탁월한 유머 감각이란 밴조를 연주하고 무릎을 흔들면서 "난 터프가이야!"라고 외치는 것 같다. 하지만 인기 코미디언 제리 사인펠트Jerry Seinfeld를 보면 약간 짜증스럽고 격앙된 어조로 별 의미 없는 말을 하는 것이 탁월한 코미디언이라고 결론 내린다. 그러다가 세라 실버먼Sarah Silverman을 보고는 '아니야, 정말 무뚝뚝하고 무례하며 정떨어지게 말해야 탁월한 거지'라고 생각할 수도 있다. 이제 당신은 '웃기다'라는 것이 사람마다 다르다는 것을 깨닫기 시작할 것이다.

NBA 경기를 보면서 '그래, 농구 선수들은 대부분 키가 크고 운동 능력이 뛰어나긴 하지만, 팀에서 맡은 역할이 각기 달라. 게다가 팀에서 같은 역할을 하는 선수들끼리도 경기 스타일이 서로 다른 것 같군'이라고 생각할 수도 있다. 파울을 얻은 후 던지는 자유투처럼 구체적이고 제한적인 상황에서 역사상 최고의 자유투 슈터 2명의 스타일이 완전히 다르다는 사실도 알 수 있다. 그중 한 명인 릭 배리Rick Barry(은퇴할 때까지 최고의 선수였다)는 자유투를 오버핸드로 던지지 않는다.

탁월함은 그 탁월함을 보여주는 사람과 떼려야 뗄 수 없는 관계에 있다. 개개인의 탁월함은 고유한 형태를 띠며 그 사람의 개성을 말해준다. 즉, 각자에게 탁월함은 자연스럽고 유동적이며 지적으로 가장 뛰어난 수준을 표현하는 방식일 때 가장 쉽게 나타난다. 탁월함을 향상할 수는 있지만, 다른 사람이 강요할 수는 없다.

탁월함은 실패의 반대 개념이 아니다. 사람들은 병리적 기능을 유발하는 요인을 찾아 잘못되거나 부족한 부분을 연구하고, 그 반대로 하면 최상의 결과를 얻는다고 여긴다. 하지만 이 가정에는 결함이 있다. 질병을 연구하면 질병에 대해 많은 것을 배울 수 있지만, 건강에 대해서는 거의 배울 수 없다. 우울증을 없앤다고 기쁨에 가까워지는 것은 아니다. 이혼의 반대가 행복한 결혼 생활이 아니라는 것과 같은 이치다. 퇴사하는 직원과 면담한다고 해서 다른 직원이 회사에 남는 이유를 이해할 수는 없다. 실패를 연구하면 실패에 대해 많이 알 수 있지만, 탁월함을 달성하는 방법에 대해서는 전혀 배우지 못한다. 탁월함에는 고유한 패턴이 있기 때문이다.

그런데 그보다 더 큰 문제가 있다. 탁월함과 실패는 공통점이 많다. 무능한 임원들에 관해 연구한 결과, 그들이 자존심 강하다는 점을 알았다고 해보자. 이때 훌륭한 임원은 자존심이 강하지 않아야 한다고 주장한다면, 사람들을 잘못된 길로 이끌 것이다. 왜 그럴까? 매우 유능한 임원들을 대상으로 성격 평가를 하면 그들 역시 자존심이 매우 강하다는 결과가 나오기 때문이다. 그러므로 좋은 임원이 되기 위해서는 자존심을 버려야 한다는 말은 적절치 않다. 마찬가지로 실적이 부진한 영업사원들을 연구한 뒤, 그들이 거절에 기분 상하는 모습을 발견하고 신입사원에게 그렇게 하지 말라고 하는 것은 잘못된 조언이 될 것이다. 최고의 영업사원들 역시 거절에는 무척 기분 상하기 때문이다.

유능한 임원이 다른 사람을 위해 자존심을 내세우고 효과적인 영업사원이 고객의 거절에 기분 상하는 이유는, 그 사람이 개인적으로 영업에 투자하기 때문이다. 여기서 핵심은, 비효율적인 성과에서는 이런 점을 절대 알아낼 수 없다는 사실이다.

탁월함은 고유한 특성이므로 실패를 통해서는 배울 수 없다. 그리고 미리 구축된 탁월함 모델에 맞춰 성과를 비교하고 부족한 부분에 대해 조언하는 방식으로는 피드백을 제대로 할 수 없다. 이런 접근 방식은 '적당한 수준의 성과'만 거둘 뿐이다.

우리가 에세이 작가에게 문법적 오류를 지적하고 바로잡아달라고 요청하면, 문법적으로는 정확한 글이 나올 수 있지만 독자를 감동시키는 글은 나오지 않을 것이다. 신임 선생님에게 학생들이 수업에 흥미를 잃었을 때 어떻게 해야 하는지 가르쳐준다면, 수업 시간에 학생들이 잠들지 않게 할 수는 있지만 더 많은 것을 배울 거라고 장담할 수는 없다.

탁월함에 도달하기 위한 4가지 새로운 기술

눈에 띄는 대로 실패를 찾아내고 사람들에게 이를 피하는 방법에 대한 피드백을 제공하는 데 계속 시간을 쏟는다면, 원하는 결과를 얻지 못할 것이다. 탁월함에 도달하기 위해서는 다음과 같은 몇 가지 새로운 기술을 습득해야 한다.

긍정적인 피드백을 주라

탁월함은 곧 결과다. 잠재 고객이 영업 홍보에 귀를 기울이거나 프로젝트가 순조롭게 진행되거나 화를 내던 고객이 갑자기 진정하는 순간에 주목하라. 그런 다음 그 결과를 낸 팀원에게 "맞아요, 그거예요!"라고 말하라. 이렇게 하면 동료는 업무를 잠시 멈추고 자기가 잘한 일에 주의를 집중할 것이다.

미국의 프로 미식축구팀 댈러스 카우보이스의 전설적인 감독

톰 랜드리Tom Landry가 고전하던 팀을 어떻게 변화시켰는지 보자. 다른 팀은 잘못된 태클과 놓친 공에 집중했지만, 랜드리 감독은 이전 경기 영상에서 선수들이 쉽고, 자연스럽고, 효과적으로 움직인 영상을 편집한 하이라이트 영상을 선수들에게 보여 줬다. 랜드리는 선수들이 무언가 잘못하는 방식은 끝도 없이 많지만, 특정한 선수가 제대로 한 방식의 수는 얼마 되지 않는다고 생각했다. 제대로 한 방식은 충분히 파악할 수 있으며, 이를 발견하는 가장 좋은 방법은 자신이 아주 잘한 경기 영상을 보는 것이다. 랜드리는 선수 한 명 한 명에게 "이제부터 우리는 당신이 가장 잘한 경기만 보여줄 겁니다"라고 말했다.

랜드리는 진정한 칭찬의 힘을 알았기 때문에 팀원들의 사기를 돋우기 위해 이런 식으로 피드백을 주었다. 하지만 막상 그가 배울 당시에는 칭찬에 큰 관심이 없었다. 그는 본능적으로 선수 개개인이 자기만의 탁월한 모습을 슬로 모션으로 보면 성과가 가장 크게 향상할 거라고 생각한다.

우리도 똑같이 할 수 있다. 팀원 중 한 명이 나를 위해 일할 때 잠시 멈추고 그가 한 일을 칭찬하라. 팀원이 자신의 탁월함을 인지하도록 도와주라. 그 팀원에게 "맞아요, 그거예요!"라고 말해 통찰력을 얻도록 기회를 제공하라. 팀원이 자기 안에 이미 존재하는 패턴에 집중해 그 패턴을 인식하고, 고정하고, 재창조하고, 재정비할 수 있게 하라. 이것이 바로 학습이다.

동료의 성과를 높이는 올바른 방법

탁월함을 구현하고 싶으면 다음과 같이 말하라.

기존 언어	대체 언어
제가 피드백해도 될까요?	제 생각은 이렇습니다.
잘했어요!	저한테는 이 3가지 방법이 효과 있었는데, 그렇게 해보니 어땠나요?
이렇게 해보세요.	저는 이 방법을 사용했어요.
당신은 이런 점을 개선해야 해요.	제 생각엔 이것이 가장 적합한 것 같아요.
그건 사실 별로 효과가 없더군요.	당신이 X를 했을 때, 전 Y라고 느끼거나 잘 이해하지 못했어요.
의사소통 기술을 개선해야 해요.	전 이 부분을 제대로 이해하지 못했어요.
당신은 반응을 더 많이 보여야 해요.	당신이 반응을 보이지 않으면 우리가 같은 이야기를 하는 게 맞나 걱정돼요.
당신에게는 전략적 사고가 부족해요.	당신의 계획을 이해하려고 노력 중이에요.
(조언 요청에 대한 응답으로) 당신은 X를 해야 돼요.	어떤 부분에서 어려움을 겪고 있는 것 같나요? 예전에 비슷한 상황에서 효과 있었던 방법은 뭐였나요?

신뢰와 확신을 주는 피드백을 하라

랜드리 감독이 선수들에게 한 것처럼 직원들의 행동을 녹화해서 보여줄 수는 없다. 대신 우리 자신이 본능적으로 느낀 것을 재현하는 방법을 습득할 수는 있다. 핵심은 상대방에게 얼마나 잘 수행했는지, 얼마나 뛰어난지 말하지 않는 것이다. 단순한 칭찬도 나쁘지는 않지만, 좋은 성과를 객관적으로 평가할 권한은 우리에게 없으며, 직원도 본능적으로 이를 알고 있다. 대신 직원의 탁월함이 눈에 띄었을 때 어떻게 느꼈는지 말해주라.

그 사람의 행동에서 어떤 잠재력을 발견했고 어떻게 느꼈는지 공유하는 것보다 더 큰 신뢰와 확신을 주는 일은 없다. "그때 전 이렇게 생각했어요", "전 이렇게 느꼈어요" 또는 "그때 어떻게 했는지 알아요?"와 같이 말해보라. 여기에는 진정한 반응이자 진심 어린 조언이 담겨 있다. 좀 더 구체적으로 말한다고 해서 팀원을 판단하거나 평가하거나 바로잡으려는 것이 아니다. 시선을 통해 그 직원의 고유한 '몰입'을 전달하는 것뿐이다. 이런 반응은 판단이나 평가가 아니기 때문에 더 겸손하고 강력한 힘을 발휘한다.

반대로 팀원은 팀장에게 자신이 일을 잘한다고 느낄 때마다 잠시 멈추고 어떤 느낌이 들었는지 설명해달라고 요청하라. 팀장이 "잘했어요!"라고 말하면 "어느 부분이요?" 혹은 "어떤 부분이 잘된 것 같나요?"라고 물어보라. 다시 말하지만, 이 질문에서 중요한 점은 칭찬받으려는 것이 아니라, 탁월함의 본질을 파악하는 것이다.

이는 현재 주목받는 '급진적 투명성'보다 더 뛰어난 방법이다.

각자는 자신의 성과에 너무 가까이 있기 때문에, 스스로 객관적으로 평가하거나 그 성공 패턴과 구성 요소를 알아채기가 어렵다. 무의식적인 것을 의식적으로 표현할 때 팀장에게 도움을 요청하라. 그러면 자신의 탁월한 성과를 이해하고, 개선하고, 또 다시 성과를 거둘 것이다.

우선순위가 높은 인터럽트를 절대 놓치지 마라

컴퓨터 작동에서는 컴퓨터 프로세서에 즉각적인 조치가 필요할 때, 우선순위가 높은 인터럽트interrupt가 발생한다. 이때 컴퓨터는 정상 작동을 중단하고 긴급한 문제를 해결 처리 대기열 맨 앞으로 보낸다. 컴퓨터 프로세서와 마찬가지로, 팀장한테도 주의를 빼앗는 급박한 일들이 적잖게 발생한다. 그중 대다수가 해결해야 할 문젯거리다. 잘못 응대한 전화와 놓친 회의, 실패한 프로젝트 등 무언가 잘못되고 있는 것을 발견하면, 팀장은 본능적으로 모든 일을 멈추고 누군가에게 그 사람이 무엇을 잘못했는지, 무엇을 바로잡아야 하는지 이야기한다.

이런 본능이 꼭 잘못되었다는 뜻은 아니다. 팀원이 무언가 망쳤다면 팀장이 나서서 처리해야 한다. 그러나 무언가를 할 때 바로잡아주는 것은 그저 교정에 불과하다. 교정은 학습을 저해할 뿐만 아니라, 탁월한 성과를 내는 데 전혀 기여하지 않는다.

팀원에게서 탁월한 성과를 이끌어내려면 다른 관점에서 봐야 한다. 누군가 매우 효과적으로 일할 때 그 사람을 잠시 멈추게 한 뒤 함께 분석하면 우선순위가 높은 인터럽트가 되는 동시에, 팀장에게 최고의 인터럽트가 될 것이다. 팀원에게 작은 탁월함의 순간을 하나하나 되풀이해서 보여주면 팀원은 '휴식과 소화rest and digest'라는 편안한 상태로 나아갈 것이다. 그러면 팀원은 자기 내면에서 탁월함이 어떤 모습을 띠고 어떤 느낌인지 생생하게 이해하고, 뇌에서 새로운 정보를 더 잘 받아들여 뇌의 다른 영역에서 얻은 지식들과 연결할 것이다. 그리고 학습하고 성장해 더 나아갈 것이다.

현재와 과거, 미래를 함께 탐색하라

팀원이 팀장에게 자신의 성과에 대한 피드백을 요청하거나 승진을 위해 어떤 부분을 바로잡아야 하는지 질문하면 이렇게 해보라.

우선, 현재에서 시작하라. 팀원이 어떤 문제를 갖고 팀장을 찾아온다면, 그 자체만으로 문제를 처리하기 위해 노력하는 것이다. 그 팀원은 자신 없거나 어려움을 느끼므로 팀장이 문제를 해결해줘야 한다. 하지만 당장 문제를 해결하려 하기보다 그 팀원에게 지금 잘 풀리는 것 3가지를 말해보라고 한다. 3가지는 팀원의 어려운 상황과 관련 있을 수도 있고, 완전히 별개일 수도 있다. 중요할 수도 있고, 사소할 수도 있다. 이런 질문을 하면 '사랑의 묘약'이라고 불리는 옥시토신(여기서는 '창의력 촉진제'라고 부르는 편이 더 나을 것 같다) 분비가 증가한다. 잘되고 있는 구체적인 일을 생각하면 뇌의 화학작용이 바뀌고, 새로운 해결책과 새로운 사고방식 또는 행동방식에 열린 마음으로 접근할 수 있다.

그런 다음, 과거로 돌아가 팀원에게 물어본다.

"예전에 이와 유사한 문제가 생겼을 때 효과를 본 방법이 있나요?"

인간의 삶에는 대체로 일정한 패턴이 있으므로, 팀원이 이전에 비슷한 문제를 몇 번 겪었을 가능성이 높다. 그중 한 번은 분명 앞으로 나아갈 방법, 즉 어려움에서 벗어날 행동이나 통찰력 또는 연결 고리를 찾아냈을 것이다. 팀원이 과거 경험을 떠올리고 마음속으로 바라보게 하라. 실제로 어떻게 느꼈으며 무엇을 했는가? 그다음에는 어떻게 했는가?

마지막으로, 미래로 눈을 돌려 팀원에게 이렇게 물어보라.

"어떻게 해야 하는지 이미 알고 있나요? 이런 상황에서 무엇이 효과 있는지 이미 알고 있나요?"

팀원이 자기 경험 중에서 한두 가지를 제시해 명확히 이해하고 있는지 확인한다. 하지만 이 과정은 팀원이 이미 해결책을 알고 있다는 가정하에 진행해야 한다. 팀장은 팀원이 그 사실을 깨닫도록 도울 뿐이다.

이때 이유에 초점을 맞춰서는 안 된다. "왜 효과가 없었을까요?" 또는 "왜 그렇게 해야 한다고 생각하죠?"라는 질문은 팀장과 팀원 모두를 모호한 추측과 개념의 세계로 이끈다. 그 대신 "실제로 일어났으면 하는 일은 무엇이죠?", "지금 당장 취할 조치는 무엇일까요?"라는 질문에 초점을 맞춰야 한다. 이런 유형의 질문을 하면 구체적인 답변을 얻으며, 이를 통해 팀원은 가까운 시일 내 스스로 문제를 해결할 것이다.

* * *

오늘날 사업에서 피드백 제공은 매우 중요한 주제 중 하나다. 지나친 솔직함과 과도한 투명성은 주장하는 사람에게 독이 될 수도 있다. 가장 뛰어나고 용감한 사람만 확신에 차서 침착하게 진실을 마주할 수 있다고 주장하는 것처럼 보이기 때문이다. 이런 경우, 끊임없이 평가받는 환경을 부담스러워하는 사람들은 평범하다는 이유로 비난받는다. 그리고 팀장의 경우에는 동료의 역량을 냉정하게 파악하고 눈 하나 깜짝 안 하고 잘못을 지적하는 능력만이 성실함을 가늠하는 척도가 될 것이다.

피드백은 올바른 절차를 알고 객관적으로 평가할 수 있는 극히 드문 경우에만 실수를 바로잡는 데 도움이 된다. 오히려 독이 되는 경우가 많다. 팀장이 팀원들이나 팀장 자신에게 원하는 것은 대체로 미리 합의된 절차를 깔끔하게 준수하거나 다른 이의 결점을 드러내는 능력이 아니기 때문이다. 우리가 원하는 것은 사람들이 저마다 독특하고, 계속 성장하는 재능으로 공동선에 기여하도록 하는 것이다. 이 공동선의 기준은 계속 진화하며, 우리는 선을 향해 나아가면서 각자 정당한 이유에 따라 이를 채워간다.

인간은 자기를 잘 알지도 못하는 사람이 현재 자신이 어디에 서 있는지, '실제로' 얼마나 잘하고 있는지, 자신을 바로잡기 위해 무엇을 해야 하는지 알려주면, 능력을 제대로 발휘하지 못한다. 잘 알고 아끼는 사람이 스스로 경험하고 느낀 것을 말하거나, 특히 효과 있다고 느낀 부분에 대해 알려줄 때만 탁월함을 발휘한다.

마커스 버킹엄 Marcus Buckingham은 ADP 연구소의 사람 및 성과 연구 책임자다. 《강점이 미래다 The One Thing You Need To Know》(2011, 21세기북스), 《사람의 열정을 이끌어내는 유능한 관리자 First, Break All The Rules》(2006, 21세기북스), 《나이 들수록 멋지게 사는 여자 Find Your Strongest Life》(2011, 살림출판사), 《사랑과 일 Love + Work》(2022) 등을 집필했으며, 애슐리 구달과 함께 《일에 관한 9가지 거짓말 Nine Lies About Work》(2019, 샘앤파커스)을 공동 집필했다.

애슐리 구달 Ashley Goodall은 시스코 시스템스의 리더십 및 팀 정보 부문 수석 부사장이다. 마커스 버킹엄과 《일에 관한 9가지 거짓말》을 공동 집필했다.

성과를 높이는 최선의 방법

도전 과제

오늘날 리더들은 끊임없이, 직접적으로, 그리고 비판적으로 피드백을 제공하라는 요구에 시달린다. 하지만 직원들의 성과에 대해 어떻게 생각하는지, 어떻게 하면 더 잘할 수 있는지 알려주는 것은 직원들의 성과를 높이는 최선의 방법이 아니며, 오히려 발전을 가로막을 수 있다.

현실

한 연구 결과는 이렇게 밝혔다. 첫째, 우리는 우리가 생각하는 것처럼 다른 사람의 성과에 신뢰할 만한 평가를 할 수 없다. 둘째, 비판은 뇌의 학습 능력을 저해한다. 셋째, 탁월함은 특유한 것이기 때문에 미리 정의할 수 없고, 실패와 반대되는 개념도 아니다. 실제로 리더는 한 사람의 탁월함으로 향하는 길을 '수정'할 수 없다.

해결책

리더는 팀원들이 스스로 어떤 방법이 효과 있는지 파악하도록 도와주고, "맞아요! 그거예요!"라고 말하면서 자신의 성과 경험을 공유해야 한다.

C레벨 최고 경영진에게
가장 중요한 스킬

라파엘라 사둔, 조지프 풀러, 스티븐 한센, 피제이 닐

오랫동안 기업에서 CEO나 주요 경영진을 채용할 때면 기술의 전문성과 뛰어난 행정 능력, 재무 관리 실적이 뛰어난 사람을 선호했다. 그래서 GE, IBM, P&G와 같은 기업 출신이나, 그런 관리 능력이 탁월한 것으로 정평이 난 매킨지, 딜로이트와 같은 전문 서비스 기업 출신 임원의 인기가 높았다.

하지만 이런 관행은 20세기 유물이 되었다. 지난 20년 동안 많은 변화가 있었다. 기업에서 전통적인 경영 능력을 쌓아온 리더는 더 이상 최고 경영진인 C레벨에서 성공하기 어렵다.

오늘날 기업에서는 다양한 분야에 종사하고 기술에 정통하며 글로벌한 인력에 동기를 부여할 경영진을 선호한다. 경영진은 정부는 물론 영향력 있는 NGO에 이르기까지 다양한 구성원을 효과적으로 상대하면서 기업의 대변인 역할을 수행하고, 새로운 회사와 낯선 분야에서 예전에 몰랐던 C레벨 동료들과 함께 자기 기술을 신속하고 효과적으로 적용할 수 있어야 한다.

이처럼 상당히 달라진 환경에 적합한 경영진을 채용하기란 무척 까다롭다. 최고 경영자에게 요구하는 역량에 '참신성'과, 기업 세계에서 뚜렷하게 인정하거나 육성하는 경우가 거의 없는 '소프트 스킬soft skill'이 포함되기 때문이다. 따라서 전통적인 경영 잠재력 지표에 의존하기가 점점 더 어려울 뿐 아니라 무의미해지고 있다.

이 문제를 해결하기 위해 조직은 무엇을 해야 할까? 가장 중요한 첫 번째 단계는 C레벨 최고 경영진이 성공하기 위해 필요한 것이 무엇인지 명확히 파악하는 것이다. 필요한 기술 범위가 정확히 어떻게 확대되었을까? '소프트 스킬'이라는 단어는 구체적으로 어떤 뜻일까? 조직마다 더욱 폭넓은 역량을 갖춘 경영진을 채용할 필요성은 얼마나 다를까?

놀랍게도, 최근 몇 년 동안 리더십의 거의 모든 측면이 면밀히 연구되었지만, 이처럼 결정적 사항에 대한 노력의 증거는 확실히 부족하다. 현재 기업에서 요구하는 역량은 무엇인가? 시간이 지남에 따라 이런 역량이 어떻게 변화했는가? 기업 후보자를 선정하는 절차를 어떻게 조정하는가? 이런 것을 알아보기 위해,

최근 세계 최고 임원 헤드헌팅 회사인 러셀 레이놀즈 어소시에이츠Russell Reynolds Associates의 데이터를 분석했다.

러셀 레이놀즈와 경쟁사들은 C레벨 고용 시장에서 중요한 역할을 하며, 포춘 250과 FTSE 100 기업의 80~90퍼센트가 후보자 중에서 승계 결정을 내릴 때 이 회사의 서비스를 이용한다(러셀 레이놀즈는 최근 〈HBR〉을 발행하는 하버드비즈니스출판사를 위해 경영진 헤드헌팅을 수행한 바 있다).

우리 연구를 위해 러셀 레이놀즈는 2000년부터 2017년까지 고객사와 협력해서 개발한 약 5,000개의 직무 기술서에 대해 유례없는 접근 권한을 제공했다. 이 데이터로 CEO뿐만 아니라 최고 재무 책임자와 최고 정보 책임자, 최고 인사 책임자와 최고 마케팅 책임자 등 최고 경영진의 4가지 유형에 대한 기대치를 연구했다. 우리가 아는 한, 연구진이 최고 경영진 직무 기술서를 이렇게 종합적으로 분석한 적은 없었다(데이터 분석 방법에 대한 자세한 내용은 〈연구 개요〉 참고).

우리는 이번 연구를 통해 다양한 통찰력을 얻었다. 그중 핵심은 다음과 같다.

지난 20년 동안 기업들은 최고 경영진의 역할을 크게 재정의했다. 앞서 언급한 전통적 의미의 역량, 특히 재무 및 운영 자원 관리가 여전히 많은 관련이 있다. 그러나 오늘날 기업들은 최고 경영자, 특히 신임 CEO를 찾을 때 이런 역량보다 강력한 사회

연구 개요

이 글은 러셀 레이놀즈 어소시에이츠가 수집한 약 5,000개의 직무 기술서와 다양한 C레벨 최고 경영진을 찾는 기업들에서 도출한 풍부한 데이터 집합을 기반으로 작성되었다. 직무 설명이 표준 구조를 따르지 않거나 표준적 내용을 포함하지 않기 때문에 데이터를 정량적 분석이 가능한 변수로 변환하기가 매우 어려웠다. 우리의 접근 방식에는 2가지 단계가 포함된다.

첫 번째 단계는 최고 경영자와 관련된 고유한 기술 요건의 정의다. 먼저, 미국 노동부의 O*NET 데이터베이스(1,000개 이상 직종에 대한 정보 저장소)를 검색해 '최고 경영자' 역할에 어떤 스킬이 수록되어 있는지 확인했다. 그런 다음, 업무의 유사성을 기준으로 6가지 분야(재무 및 물적 자원 관리, 기업 성과 모니터링, 인적 자원 관리, 행정 업무 처리, 복잡한 정보 처리 및 사용, 사회적 스킬 발휘)로 분류했다.

두 번째 단계는 러셀 레이놀즈에서 제공한 각 직무 설명이 각 O*NET 기술군과 의미상 어느 정도 유사한지 파악하는 것이다.

이 두 단계에는 1922년 창간 이후 발행된 〈하버드 비즈니스 리뷰〉의 기사 하나하나에서 사용되는 말뭉치에 최첨단 기계 학습 기법word2vec을 적용해 개발한 경영 언어 모델을 사용했다.

적 스킬social skill을 최우선으로 여긴다(〈구인 공고: 사람들과 좋은 관계를 유지하는 CEO〉 참고).

우리가 '사회적 스킬'이라고 일컫는 능력은 높은 수준의 자기 인식, 경청 및 의사소통 능력, 다양한 유형의 사람 및 그룹과 협력하는 능력, 심리학자들이 '마음 이론'이라고 부르는 능력, 즉

구인 공고: 사람들과 좋은 관계를 유지하는 CEO

2007년 이후 최고 경영진 채용 공고를 내는 기업들은 점점 더 사회적 스킬의 중요성을 강조하고 운영 전문성을 경시한다.

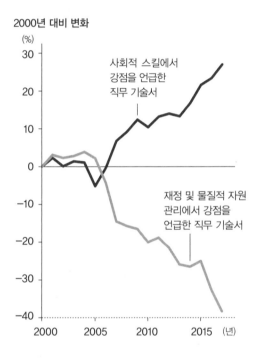

2000년 대비 변화

(%)

사회적 스킬에서 강점을 언급한 직무 기술서

재정 및 물질적 자원 관리에서 강점을 언급한 직무 기술서

직무 기술서는 임원 헤드헌팅 회사 러셀 레이놀즈 어소시에이츠에서 홍보한 약 5,000개의 최고위직에 관련된 것이다. 데이터 포인트는 업종별 차이 및 기타 변수를 통제하는 회귀 모형으로 추정된다. 2007년 이후 계수는 두 스킬군 모두에서 0과 큰 차이가 있다.

다른 사람의 생각과 감정을 유추하는 능력 등 특정한 역량을 의미한다. 최근 몇 년 동안 부쩍 이런 역량을 강조하는 성향은 CEO에게 가장 큰 영향을 미쳤으며, 우리가 연구한 다른 4가지 C레벨 최고 경영진의 역할에서도 뚜렷하게 나타났다.

분석 결과, 임원 헤드헌팅 회사를 활용하는 복잡하고 기술 집약적인 대규모 기업에서처럼, 의사소통이 생산성에 결정적인 영향을 미치는 환경에서는 사회적 스킬이 특히 중요했다. 이런 조직에서 CEO와 다른 최고 경영진은 일상적인 운영 업무를 수행하는 데만 집중해서는 안 된다. 정보 전달과 아이디어 교환 촉진, 팀 구성 및 감독, 문제 파악 및 해결 등 다른 사람들과 소통하고 조율하는 데도 상당한 시간을 들여야 한다.

흥미롭게도 C레벨에서 요구되는 스킬이 발전하는 정도는 직장 전체가 발전하는 정도와 비례한다. 오늘날 고용 수준 전반에 걸쳐 점점 더 많은 직업군에서 고도로 발달한 사회적 스킬을 요구한다. 여러 연구진 중에서 특히 하버드 대학교의 데이비드 데밍David Deming은 사회적 스킬을 중시하는 직업군이 전체 노동 시장보다 빠른 속도로 성장하며, 보수도 평균의 2배 이상으로 증가한다는 사실을 증명했다.

사회적 스킬에 대한 이와 같은 변화는 왜 일어날까? 이 변화는 최고 경영진 개발과 CEO 승계 계획, 최고위층 조직에 어떤 영향을 미칠까? 몇 가지 예측을 해보자.

사회적 스킬이 더 요구되는 이유

우리는 사회적 스킬에 대한 수요가 증가하는 2가지 주요 요인을 분석했다.

기업의 규모 확대와 복잡한 외부 환경

규모가 큰 기업에서 특히 사회적 스킬을 많이 요구한다. 비슷한 규모의 기업 중에서, 상장된 다국적 기업과 인수합병에 관여하는 기업에서도 사회적 스킬에 대한 요구가 더 커졌다. 이런 양상은 광범위하고 복잡한 기업에서 최고 책임자가 이질적이고 전문적인 지식을 조율하고, 문제가 생겼을 때 이를 해결할 수 있는 사람에게 맡기며, 효율적으로 내부 소통을 조율하는 것이 바람직하다는 견해와 일치한다. 이 모든 업무를 제대로 수행하기 위해서는 다른 사람들과 제대로 소통해야 한다.

그러나 대기업에서 사회적 스킬의 중요성은 단순히 기업을 운영하기 복잡하다는 점에서만 의미를 지니는 것이 아니라, 기업의 최고 경영진이 외부 구성원과 좋은 관계를 형성하고 유지하는 것 또한 얼마나 중요한지 말해준다.

이런 관계의 복잡성과 다양성은 상당히 까다로운 문제다. 상장 기업의 경영진은 상품 시장뿐만 아니라 자본 시장에 대해서도 신경 쓰지 않을 수 없다. 애널리스트에게 브리핑하고 펀드 매니저를 설득하고 언론에 홍보도 해야 한다. 관할 구역의 다양한 규제 기관에도 대응하고, 주요 고객 및 공급업체와도 원활하게 소통해야 한다. 인수합병 중에는 거래를 성사시키고 합병 후 통합을 지원하는 데 중요한 역할을 하는 구성원을 세심하게 챙겨야 한다. 이런 업무를 제대로 처리하기 위해서는 고도로 숙련된 사회적 스킬이 필요하다.

정보 처리 기술 의존도 증가

수십 년 전에 경영학의 대가 피터 드러커Peter Drucker는 이렇게 말했다.

"정보 처리가 자동화될수록 효과적인 의사소통을 위한 기회를 더 많이 만들어야 한다."

그는 선견지명이 있었다. 오늘날 기업들은 정보 처리 기술에 크게 의존하며, 특히 강력한 사회적 스킬을 갖춘 경영자가 필요하다. 많은 기업의 일상적 업무가 자동화되면서 조직의 전 분야에서 판단력과 창의력, 통찰력 등 컴퓨터 시스템에 없는 능력에 대한 경쟁력이 필요해졌기 때문이다. 자동화가 널리 보급된 기술 집약적 기업에서 경영자는 이질적인 성향의 인력을 조정하고, 예상치 못한 사건에 대응하며, 의사 결정 과정에서 갈등을 관리하는 등 이 모든 일을 잘 수행하려면 사회적 스킬이 뛰어나야 한다.

게다가 오늘날 대부분 기업은 아마존 웹 서비스와 페이스북, 구글과 마이크로소프트, 세일즈포스와 워크데이 등 동일한 기술 플랫폼에 의존하고 있다. 이는 곧 실질적인 유형의 기술 투자만으로는 차별화 기회가 적다는 의미다. 시장의 주요 경쟁자가 전부 동일한 도구 세트를 활용하는 상황에서는 이 도구를 사용하는 직원들을 탁월하게 관리해야 차별화를 꾀할 수 있다. 그러기 위해서는 모든 방면에서 탁월한 의사소통 전문가가 필요하다. 이들은 올바른 메시지를 고안할 뿐 아니라 공감대를 형성해서 전달해야 한다.

기술을 앞세우는 업무가 많아질수록 직급을 망라하고 뛰어난 사회적 스킬을 갖춘 직원에 대한 수요가 증가해, 그들은 노동 시장에서 최고급 대우를 받을 것이다.

추가적인 요인

사회적 스킬에 관한 관심이 증가한 데는 2가지 다른 추가 요인 때문이라는 연구 결과가 있다. 이를 정량화하기는 어렵지만, 그럼에도 다음 2가지 요인은 현재 일어나는 변화에서 중요한 역할을 한다.

소셜 미디어 및 네트워킹 기술 발달

역사적으로 CEO는 대중의 관심 밖에 있었다. 기업가와 투자자, 언론은 그들에게 관심을 기울였지만, GE의 잭 웰치Jack Welch, 소니의 모리타 아키오盛田昭夫, 크라이슬러의 리 아이어코카Lee Iacocca와 같이 유명한 CEO를 제외하고는 대중의 큰 관심 대상이 아니었다.

하지만 시대가 바뀌어 기업이 주주 우선주의에서 벗어나 이해관계자 자본주의에 더 광범위하게 집중하면서 CEO와 경영진은 공적 인물이 되고 있다. 이들은 내부 및 외부 구성원과 점점 더 폭넓게 소통할 뿐만 아니라, 개인적으로도 투명하고 책임감 있게 소통할 의무가 있다. 이제 더는 기업 의사소통 팀과 대정부 관계 부서 등 지원 부서에만 의존할 수 없다.

게다가 실수를 거의 즉각적으로 포착해 공개할 수 있는 소셜 미디어에 직원들이 동료와 상사에 대한 정보와 의견을 널리 전파하게 하는 슬랙과 글래스도어 같은 네트워크 플랫폼의 보급이 증가해, 최고 경영자는 실시간으로 상호작용을 관리해야 한다.

과거에도 경영진은 사업 전략부터 인사 관행에 이르기까지 모든 것을 설명하고 방어했다. 하지만 경영진이 원하는 시간과 장소, 즉 자신이 통제하는 환경에서만 그렇게 했다. 이제는 CEO 본인의 결정이 다양한 청중에게 어떻게 받아들여지는지 계속 관심을 기울여야 한다. 소수의 직원 및 다른 구성원과도 소기의 목적을 달성하지 못하면 큰 손해를 볼 수 있다.

따라서 사회적 스킬이 매우 중요하다. C레벨이 되고자 하는 리더는 자연스럽게 소통하면서 자신의 말과 행동이 즉각적인 맥락을 넘어 어떻게 작용할지 예측하는 데 능숙해져야 한다.

다양성을 인정하고 포용하는 공감 능력 향상

CEO를 비롯한 경영진에게 주어진 또 다른 과제는 다양성과 포용성 문제에 공감하며 능동적으로 대처하는 것이다. 여기에도 강력한 사회적 스킬, 특히 마음 이론이 필요하다. 다른 사람의 심리 상태를 인식하는 능력을 갖춘 경영진은 다양한 직원 그룹에서 더 쉽게 움직이고 그들의 목소리를 대신 내며, 조직 내에서 이사회 및 외부 이해관계자에게 그들의 이익을 대변할 수 있다. 무엇보다 중요한 것은 다양한 인재가 성장할 환경을 조성할 수 있다는 점이다.

새롭게 집중해야 할 영역

사회적 스킬의 중요성을 고려해 기업에서는 새로운 리더를 채용하고 육성할 때 다음과 같은 분야에 집중해야 한다.

체계적인 사회적 스킬 구축하기

과거에는 기업의 이사회와 고위 경영진이 미래의 리더를 육성하기 위해 핵심 부서 및 직무에 순환 근무를 하게 하고, 다양한 지역에 배치하며, 임원 개발 프로그램에 참여시켰다. 유망한 리더들이 C레벨에서 미래를 준비하는 가장 좋은 방법은 다양한 관리 및 운영 역할에서 심층적 역량을 개발하는 거라고 여겼기 때문이다.

이 모델을 사용하면 성공과 실패를 평가하는 것이 매우 간단했다. 절차가 원활하게 진행되었는지와 결과를 달성했는지가 평가 기준이었다. 물론 사회적 스킬도 중요했다. 신입사원이 여러 부서와 지역을 이동하면서 동료와 고객, 규제 기관 및 공급업체와 건설적인 관계를 빠르게 형성하는 능력은 성과에 영향을 미쳤다. 하지만 사회적 스킬은 일종의 보너스와 같은 것으로 여겨졌을 뿐이다. 이 능력은 (승진을 위한 전제 조건인) 운영 목표를 달성하기 위한 수단이었으며, 명시적이고 체계적이며 객관적인 방식으로 평가되는 경우가 거의 없었다.

오늘날에는 기업들이 임원 성과에서 사회적 스킬의 중요성을 과거보다 잘 인식하고 있다. 하지만 후보자의 이런 기술에 대한 숙련도를 평가하고 미래 성장에 대한 적성을 판단하는 절차를 고안하는 데는 좀처럼 진전이 없다. 채용에 관여하는 직원의 면접 기술을 향상하기 위한 교육에 투자하는 기업은 얼마 되지 않으며, 올바른 판단을 내리는 데 필요한 배경과 관점을 갖춘 것으로 추정되는 고위급 임원이나 사외 이사가 있는 경우는 더욱 드물다.

추천에도 문제가 있다. 기업은 일반적으로 자신을 보호하기 위해(정보가 유출되면 최고 인재를 잃을 수 있다), 그리고 후보자를 보호하기 위해(후보자가 현 고용주에게 구직 중이라는 사실이 알려지는 것을 원치 않을 수 있다) 최고 경영진 채용을 매우 비밀리에 진행한다. 더욱이 임원진 면접을 진행하는 사람과 추천서를 제공하는 사람은 대부분 후보자와 동일한 소규모 네트워크에 속할 가능성이 높기 때문에 의사 결정 과정에서 편견이 개입될 위험이 매우 크다. 예를 들어, 이사회 멤버들은 친구가 추천한 사람이나 자신과 비슷한 배경의 후보자를 지지하는 경향이 있다. 이들은 면접에서 단순히 친하다는 이유로 해당 후보자가 폭넓게 적용할 사회적 스킬을 보유하고 있다고 판단한다.

사회적 스킬을 더 잘 평가하기 위해, 현재 일부 회사에서는 심리 측정 평가 또는 시뮬레이션을 실시하기도 한다. 성격 특성과 행동 스타일을 측정하기 위해 고안된 심리 측정 테스트는 어떤 사람이 외향적이고 낯선 사람을 편안하게 대하는지 파악하는 데 도움이 된다. 하지만 다양한 그룹과 상호작용할 때 얼마나 효과적인지 평가하는 데는 유용하지 않다.

개인이 어려운 상황에 어떻게 대응하는지 평가할 때 한동안 시뮬레이션 훈련이 사용되었지만, 이 훈련은 일반적으로 제품 무결성 위기나 행동주의 투자자가 현장을 방문하는 상황 등 특정 시나리오를 중심으로 고안되었다. 시뮬레이션은 사내 안팎 사람들과 상호작용하는 사회적 스킬보다는, 그런 힘든 상황에서 지원자의 행정 및 기술 능력을 평가하는 데 더 적합하다. 더군다나 시뮬레이션은 제대로 실행하는 데 상당한 시간과 비용이 필요하다는 이유로 널리 활용되지도 않는다.

오늘날 기업 임원 개발 프로그램에는 사회적 스킬을 구축하고 평가하기 위한 체계적인 접근 방식이 필요하다. 무엇보다 평가하기 쉽다는 이유로 현재 관리자들이 선호하는 '하드' 스킬보다 우선시해야 한다. 기업에서는 잠재력이 높은 리더를 다양한 직원 집단 및 외부 구성원과 소통해야 하는 직책에 배치하고, 해당 역할에서 성과를 면밀히 모니터링해야 한다.

사회적 스킬을 혁신적으로 평가하기

경력과 기술 자격, 직업 이력 등 기업이 전통적으로 C레벨 직책 후보자를 평가하는 데 사용해온 기준으로는 사회적 스킬을 평가하는 데 한계가 있다. 기업은 이 영역에서 사람들의 능력을 평가하고 비교할 객관적 근거를 마련하기 위해 새로운 도구를 개발해야 한다. 독립적으로 혹은 이를 지원하는 전문 서비스 회사와 함께 작업할 수도 있지만, 어느 쪽이든 기업의 특정 요구에 맞는 맞춤형 솔루션을 제공해야 한다.

최고 수준의 경영진 후보를 검색하기에 적합한 도구는 아직 개발되지 않았지만, 하위 직급 구직자의 스킬을 확인하고 적절한 자리에 배치하는 데는 상당한 혁신이 진행 중이다. 예를 들어, 인력 관리 회사 에잇폴드Eightfold와 글로우트Gloat에서는 인공지능을 사용해 지원자와 고용주 간의 매칭을 개선하고 있다. 또한 새로운 맞춤형 도구를 사용해 인접 역량skill adjacencies을 파악하고 사내 인재 시장을 형성해 기업에서 자격을 갖춘 직원을 중요한 업무에 더 빨리 배치하도록 지원한다. 기본 알고리즘이 방대한 데이터 세트에 의존하기 때문에 기술적으로 어려움이 있기는 하지만, 이런 접근 방식은 임원 채용의 새로운 가능성을 보여준다.

이와 마찬가지로, 여러 기업 중 특히 직업 검색 플랫폼 파이메트릭스Pymetrics에서 특정 후보자가 조직 또는 특정 직책에 얼마나 적합한지 확인하기 위해 세계적 수준의 행동 연구를 진행하고 있다. 이런 접근 방식은 다양한 소프트 스킬을 평가하고 채용 시 편견을 줄이는 데 유용한 것으로 증명되었다.

최근 학술 연구에서도 행동 연구를 활용하는 방식이 유용함을 잘 보여준다. 하버드 대학교의 벤 바이트만Ben Weidmann과 데이비드 데밍은 사회적 스킬 지능에서 잘 구축된 '눈으로 마음 읽기 테스트Reading the Mind in the Eyes Test'가 팀 환경에서 개인의 성과를 효과적으로 예측한다는 사실을 발견했다. 기업에서도 동일한 설계 원칙에 따라 새로운 테스트를 개발하면, 이사회가 최고 경영진 후보자의 사회적 스킬을 보다 완전하고 객관적으로 파악할 것이다.

'자체 인재 육성' 방식 채택하기

뛰어난 사회적 스킬을 갖춘 임원을 찾기 위해 외부 채용 업체에 의존하는 기업은 위험한 게임을 하는 셈이다. 그런 인재를 확보하기 위한 경쟁이 치열해지고, 아무리 신중하게 검증된 사람일지라도 외부인을 고위직에 앉히는 것은 본질적으로 위험하기 때문이다. 따라서 기업에서는 내부 인재들이 다양한 대인관계 능력을 연마하고 발휘하도록 '자체 인재 육성grow your own' 방식을 채택하는 것이 유리하다.

C레벨에서 집단적 사회적 스킬 평가하기

기업의 이사회와 경영진은 앞으로 점점 더 리더 개인뿐 아니라 C레벨 전체의 사회적 스킬을 개발하고 평가해야 할 것이다. C레벨 중 한 사람의 약점이나 무능함은 C레벨 전체, 특히 CEO에게 시스템적으로 영향을 미친다. 기업은 이 점을 잘 인식하고 있다. 우리가 조사한 5가지 임원 직책의 채용 기준에서도 사회적 스킬의 중요성이 상대적으로 커지고 있다. 그뿐만 아니라,

CEO가 조직 및 인사 관리에서 계속 더 큰 역할을 수행해 C레벨 내에서 책임이 바뀔 수 있으며, 다른 임원들도 강력한 사회적 스킬이 필요할 것이다.

사회적 스킬 우선 평가 방식의 인재 관리 시스템

지금까지 살펴본 바와 같이, 기업에서는 여전히 전통적인 관리 및 운영 기술을 갖춘 C레벨 임원을 중요하게 여긴다. 그러나 특히 조직이 점점 커지고 복잡해지고 기술 집약적으로 바뀌면서 고도로 발달한 사회적 스킬을 갖춘 인재가 더 많이 요구된다.

하지만 기업이 실제로 다양한 유형의 인재를 채용하는 데 성공할까? 그 답은 부분적으로 기업이 구직자의 사회적 스킬을 효과적으로 평가하는 방법을 찾아낼 수 있는지, 사회적 스킬 향상을 인재 관리 전략의 필수 요소로 삼을 것인지에 달려 있다.

우리가 보기에, 기업에서 경쟁력을 유지하려면 다음 2가지가 뒷받침되어야 한다. 경영대학원과 같은 교육기관의 MBA 및 임원 교육 커리큘럼에서 사회적 스킬을 더욱 강조하도록 장려하고, 헤드헌팅 회사와 중개 기관에 후보자를 식별하고 평가하는 혁신적 메커니즘을 고안하도록 요청해야 한다.

기업 자체적으로도 변화를 시도해야 한다. 외부 인재를 채용하고 평가할 때 사회적 스킬을 우선으로 평가해야 한다. 현직 임원의 성과를 측정하고 보상을 책정할 때도 마찬가지다. 강력한 사회적 스킬을 승진 기준으로 삼고, 책임자에게 잠재력 높은 부하직원의 사회적 스킬을 육성하도록 맡겨야 한다.

향후 몇 년 동안 '적합한 자질the right stuff'을 갖춘 리더를 더 잘 식별하고 채용하는 데 집중하는 기업도 있고, 임원을 교육하고 유지하는 데 더 많은 관심을 기울이는 기업도 있을 것이다. 그러나 어떤 접근 방식을 택하든 점점 더 어려워지는 사업 환경에서 성공하려면 현재 관행을 근본적으로 재고해야 한다.

라파엘라 사둔 Raffaella Sadun은 하버드 경영대학원 찰스 E. 윌슨 경영학 교수다.

조지프 풀러 Joseph Fuller는 하버드 경영대학원 경영 실무 교수이자 '미래의 업무 관리 프로젝트'의 교수진 공동의장이다. 하버드 경영과 교육, 공공정책 대학원의 교수진 간 협력 프로젝트인 '하버드 인력 프로젝트' 의장도 맡고 있다.

스티븐 한센 Stephen Hansen은 임페리얼 칼리지 경영대학원 경제학 부교수다.

피제이 닐PJ Neal은 러셀 레이놀즈 어소시에이츠 이사회 및 CEO 자문 그룹의 글로벌 지식 및 운영 책임자다.

리더십의 새로운 자격 요건으로
떠오른 사회적 스킬

변화

전통적인 경영자 성향의 리더가 C레벨에서 성공한다고 생각하는 것은 위험하다. 임원 헤드헌팅 데이터 분석 결과, 오늘날 기업에서는 기술 노하우와 재무 관리 전문성 및 그 밖의 자격 요건보다 사회적 스킬을 우선시한다.

설명

오늘날 대기업은 운영하기가 점점 더 복잡해지고 기술 의존도가 높으며, 인력의 다양성이 확대되고 기업 행동에 대한 사회적 책임도 점점 더 커지고 있다. 이런 상황에서 리더십을 발휘하기 위해서는 뛰어난 경청 및 의사소통 능력, 다양한 구성원과 잘 소통하는 능력이 필요하다.

앞으로 나아갈 길

앞으로 기업이 성공하기 위해서는 입사 지원자의 사회적 스킬을 효과적으로 평가하는 방법을 찾아야 할 것이다. 그리고 이 스킬을 인재 관리 전략의 필수 자질로 적용해야 한다.

윤리적 경력 쌓기

직장에서 윤리적 문제를 해결하기 위한 3단계 접근 방식

마리암 코우차키, 아이작 스미스

대부분의 사람은 자신이 선하다고 생각한다. 윤리적인 사람이 되겠다고 결심하고, 결정적인 순간에 윤리적으로 행동하길 바란다. 하지만 선한 의도만으로는 윤리적 경력을 쌓을 수 없다. 수십 년간 연구를 통해 사람들의 도덕적 판단을 흐리게 하는 사회적·심리적 과정과 편견이 밝혀졌다. 이런 편견 때문에 사람들은 스스로 정한 가치를 위반하고 종종 이에 어긋나는 행동을 한 다음 나중에 정당화한다. 그렇다면 직장 생활에서 매일, 그리고 10~20년간 윤리적으로 올바른 일을 하려면 어떻게 해야 할까?

우선, 우리 필자들은 새롭게 창안한 '도덕적 겸손moral humility' 사고방식으로 전환할 것을 제안한다. 즉, 주의하지 않으면 누

구나 범죄를 저지를 수 있다는 점을 인정하는 것이다. 도덕적 겸
손으로 전환하면 유혹과 합리화, 상황으로 인해 아무리 좋은 사
람이라도 잘못 행동할 수 있음을 인정하고, 윤리가 나쁜 것을 피
하는 것뿐만 아니라 좋은 것을 추구하는 태도라고 생각하게 된
다. 또한 이런 성향의 인성 발달을 평생 추구해야 할 목표로 인
식한다.

우리는 10년 넘게 직장에서의 도덕성과 윤리에 관한 연구를
진행해왔다. 따라서 우리와 다른 사람들의 연구 결과를 바탕으
로 윤리적 경력을 개발하고자 하는 사람들이 고려할 3단계 접
근법을 제안한다. (1) 도덕성이 위협받는 상황에 미리 대비한다.
(2) 도덕성이 위협받을 때 올바른 결정을 내린다. (3) 도덕적 성
공과 실패에 대해 숙고하면서 배워나간다.

바르게 살겠다는 계획 세우기

도덕성이 위협받는 상황에 대비하는 것이 중요한 이유는, 사람
은 미래를 생각하며 스스로 무엇을 해야 하는지 잘 알면서도 지
금 하고 싶은 일에 집중하는 경향이 있기 때문이다. 미래의 자
기 자아가 도덕성이 높을 거라고 과대평가하는 성향은 노터데
임 대학교 앤 텐브런셀Ann Tenbrunsel과 동료들이 '윤리적 신기

루ethical mirage'라고 부르는 것의 일부다.

이런 편향에 맞서기 위해서는 먼저 개인적 강점과 약점을 이해해야 한다. 내 가치관은 무엇인가? 언제 가치관을 저버릴 가능성이 가장 높은가? 데이비드 브룩스David Brooks는《인간의 품격The Road to Character》(2015, 부키)에서 이력서 덕목(이력서에 기재할 수 있는 기술과 능력, 업적. 예를 들어, 수백만 달러 규모의 프로젝트에서 투자 대비 수익률ROI 10퍼센트 증가)과 추도사 덕목(사후에 사람들이 당신을 칭찬하게 될 덕목. 예를 들어, 믿음직한 친구였는가, 친절하고 성실하게 일하는 사람이었는가 등)을 구분한다. 이력서 덕목은 자기 자신을 위해 한 일과 관련된 내용이고, 추도사 덕목은 자신이 어떤 사람인지, 다른 사람을 위해 무엇을 했는지 등 인격과 관련된 내용이다.

그러니 스스로 물어보라. 나는 어떤 추도사 미덕을 갖추고 싶은가? 경영학의 대가 피터 드러커가 한 질문처럼 "어떤 사람으로 기억되고 싶은가?", "무엇에 기여하고 싶은가?"라고 물어봐도 좋다.

성취보다 공헌을 추구하는 방향으로 직업 생활의 틀을 잡으면 경력에 접근하는 방식이 근본적으로 달라진다. 앞으로 찾아올 변화에 맞서면서 특정한 사고방식과 습관, 루틴을 개발하기 전에 일찌감치 이런 질문을 염두에 두면 도움이 된다.

목표 설정은 또한 윤리적 행동의 토대가 된다. 전문가들은 업무와 개인 생활의 여러 측면에 대해 정기적으로 목표를 설정하지만, 같은 방식으로 윤리에 접근하는 사람은 드물다. 벤저민 프랭클린Benjamin Franklin은 자서전에 근면과 정의, 겸손 등 고결한 삶에 필수적인 13가지 덕목을 습득하기 위해 노력했다고 썼다. 그는 매일매일 진행 상황을 추적하기 위해 차트까지 만들었다. 모든 사람이 벤저민처럼 엄격하게 문서로 기록할 필요는 없겠지만, 도전적이면서도 충분히 달성할 수 있는 추도사 덕목의 목표를 작성해보라.

하버드 경영대학원의 클레이튼 크리스텐슨Clayton Christensen 역시 〈HBR〉에 실린 '당신의 삶을 어떻게 평가할 것인가?How Will You Measure Your Life?'에서 이와 유사한 주장을 했다. 크리스텐슨은 암 투병을 한 후 자기에게 가장 중요한 지표는 '내가 감동을 준 사람들'이라고 결론 내렸다.

그러나 아무리 신중하게 세운 목표라도 그저 좋은 의도로만 남을 수 있다. 개인적 안전장치, 즉 선한 본성을 이끌어내는 것으로 입증된 습관과 마음가짐으로 윤리적인 목표를 강화해야 한다. 예를 들어, 양질의 수면, 개인적 기도(종교인의 경우), 마음 챙김은 사람들이 자제력을 관리하고 강화하며 직장에서 유혹에 저항하는 데 도움이 된다는 연구 결과가 있다.

뉴욕 대학교 심리학자 피터 골위처Peter Gollwitzer가 실행 의도라고 부른, '만약-그렇다면 계획if-then planning' 역시 추천한다. 수십 건의 연구 결과에서 이 연습("X가 발생하면 Y를 하겠다")은 특히 계획을 큰 소리로 말해 사람들의 행동을 변화시키는 데 효과적이다. 계획은 간단할 수도 있지만 구체적이어야 하며, 상황적 단서(특정한 계기)를 원하는 행동에 결합해야 한다. 예를 들어, 만약 상사가 비윤리적일 가능성이 있는 일을 하라고 요청하면 행동하기 전에 조직 외부의 친구나 멘토에게 조언을 구한다. 만약 뇌물을 요구받으면 회사 법무 팀과 상의해 지침을 받는다. 만약 성희롱이나 인종적 편견을 목격하면 즉시 피해자 편에 선다. 이처럼 자신의 강점과 약점, 가치관과 상황에 맞는 '만약-그렇다면 계획'을 세우면 자제력을 잃거나 행동이 필요할 때 망설이지 않게 된다. 하지만 반드시 문제 상황이 생기기 전에 계획을 세워야 한다. 미리 준비하는 것이 핵심이다.

멘토 역시 우리가 윤리적 실수를 피하도록 도울 수 있다. 직업적 네트워크를 확장하고 조언자와의 관계를 발전시키려 할 때 경력 사다리를 타고 빨리 올라가도록 이끌어줄 사람만 찾지 말고, 도덕적 결정을 내릴 때 도움이 될 사람인지도 고려해야 한다.

나와 가치관이 비슷하고 윤리 관련 조언을 구할 수 있는 조직 내·외부 사람들과 인맥을 구축하라. 이 글을 쓰는 우리는 윤리적 문제에 대해 멘토에게 조언을 구하며, MBA 학생들에게도 그렇게 하도록 가르친다. 지원 네트워크, 특히 신뢰할 만한 윤리적 멘토가 있다면 경력에 긍정적 영향을 줄 기회가 생길 것이다.

유리적 삶을 살기로 결심했다면 주저하지 말고 은근한 암시를 통해 주변 사람들에게 알려라. 누구도 내가 너보다 더 고상하다는 식의 태도를 좋아하지는 않지만, 자신이 도덕적이라고 은근히 암시하는 방식은 특히 동료를 대할 때 도움이 될 수 있다.

도덕성을 위협받는 상황과 그런 상황에 어떻게 대처할 것인지 공개적으로 논의하거나, 올바른 방식으로 일을 처리한다는 평판을 구축해 도덕적이라는 이미지를 쌓을 수도 있다. 예를 들어, 필자 중 한 명인 마리암이 실시한 연구에서 연구 참여자들이 서명란에 "명예 없는 성공은 사기보다 나쁘다"와 같은 덕담이 담긴 이메일을 받은 후 온라인 파트너에게 비윤리적인 행동을 요청할 가능성이 훨씬 더 낮아졌다.

사람들은 대체로 윤리적 문제에 대해 논의하기를 주저해 직접 대화하기 어려울 수도 있다. 하지만 모호한 태도는 자기 합리화의 빌미가 될 수 있으므로 가능하면 동료들의 참여를 유도하는 쪽을 권한다. 재치 있게 명확한 질문을 하고 자신의 기대치를 확실하게 밝혀라. 예를 들어 이렇게 말하는 식이다.

"여기서 윤리적 선을 넘지 않는 것이 중요하다고 생각해요."

사람은 누구나 생각보다 환경에 큰 영향을 받기 때문에 윤리적으로 행동하도록 장려하지는 않더라도 이를 허용하는 직장을 선택하는 것이 중요하다. 당연히 자신의 요구와 능력, 가치관이 조직과 잘 맞는다고 느끼는 직원이 그렇지 않은 동료보다 만족도가 높고 동기 부여가 더 잘되며 성과도 더 좋은 경향이 있다.

물론 직장을 선택하는 데는 여러 가지 요인이 작용하지만, 일반적으로 사람들은 보상이나 승진 기회와 같은 전통적인 지표를 지나치게 중시하고, 올바른 도덕적 적합성을 상대적으로 소홀히 여기는 경향이 있다. 우리와 다른 사람들의 연구에서도 윤리적 스트레스를 받을 때 직원들은 피로를 느끼고 직무 만족도가 감소하며 동기가 저하되었다. 즉, 윤리적 스트레스는 이직률이 높아지게 하는 강력한 예측 인자로 밝혀졌다.

일부 산업에는 부정직한 성향에 어느 정도 관대한 문화적 규범이 존재하는 것으로 보인다. 한 연구에서 어느 대형 국제 은행 직원들은 자신의 직업적 정체성을 상기했을 때 은행원이 아닌 직원들이 그랬을 때보다 평균적으로 더 많은 부정행위를 저지르는 경향이 있었다. 물론 그렇다고 모든 은행원이 비윤리적이라거나 비윤리적인 사람만 은행에서 경력을 쌓아야 한다는 뜻은 아니다(은행에서 도덕적으로 정직한 직원을 우선 채용하는 것이 얼마나 중요한지 강조한 말이기는 하다).

하지만 새로운 일을 시작하는 사람은 도덕적으로 타협할 상황에 대비하기 위해 조직 및 관련 업계에 대해 알아볼 것을 권한다. 면접은 보통 지원자에게 "우리 회사에 대해 질문할 게 있나요?"라는 질문으로 끝난다. 이럴 때 "이 일을 하면서 직면할 윤리적 딜레마로는 어떤 게 있을까요?"라거나 "이 회사에서는 윤리적 사업 관행을 장려하기 위해 어떤 일을 하고 있나요?"라고 물어볼 수 있다.

업무 환경의 요소는 문화적 규범에 상관없이 자제력을 강화하거나 약화할 수 있다는 연구 결과가 있다. 높은 불확실성과 과도한 업무 부담, 장시간 노동과 야근, 연속적인 원대한 목표는 하나같이 비윤리적 행동의 증가율과 관련 있다. 이런 압박감은 시간이 지남에 따라 약해지거나 줄어들 수 있지만, 강도가 높은 시기에는 더욱 주의를 기울여야 한다.

올바른 결정 내리기

윤리적 경력을 계획하고 안전장치를 마련했더라도 순간순간 도덕성이 위협받는 상황에 직면하면 어렵게 느껴질 수 있다. 가끔 사람들은 자신의 결정이 미치는 영향을 간과하거나, 비도덕적이고 자기 이익에 부합하는 행동을 합리화하는 기발한 방법을 찾는다.

확고하게 올바른 결정을 내리지 못하는 상황에 부딪히기도 한다. 예를 들어, 동료에 대한 충성심과 고객에 대한 충성심 사이에서 선택해야 하거나, 좋은 일자리와 환경 피해 등 긍정적인 외부 효과와 부정적인 외부 효과가 모두 발생하는 해결책을 제안해야 하는 등 올바른 결정을 내리기 힘들어 딜레마에 직면할 때도 있다. 이처럼 결정적 순간을 관리하는 방법은 여러 가지가 있다.

첫째, 비용 편익 분석이나 투자 자본 수익률 같은 기존의 계산 방식에서 한 걸음 물러서라. 주어진 상황에서 도덕적 문제와 윤리적 함의를 찾는 습관을 기르고 다양한 철학적 관점을 활용해 분석하라. 예를 들어, 도덕적 의무에 관한 연구인 '의무론 규칙' 기반 관점에서 어떤 규칙이나 원칙이 적절한지 자문해보라. 특정한 행동방침이 정직함 또는 타인 존중의 원칙을 위반하지 않는가? '공리주의 결과' 기반 관점에서 직간접적으로 관련되거나 영향을 받는 모든 당사자에게 나타날 잠재적 결과를 파악하라. 최대 다수에게 최대 이익이 되는 결정은 무엇인가, '아리스토텔레스의 덕 윤리' 관점에서 어떤 행동이 덕을 갖춘 사람에게 가장 잘 부합할 것인가 하는 질문도 스스로 던져본다. 철학은 저마다 장단점이 있지만 규칙, 결과, 덕이라는 3가지 근본적인 결정 기준을 전부 고려하면 중요한 윤리적 고려사항을 놓칠 가능성이 줄어든다.

그러나 인간의 마음은 이익에 이끌리면 도덕적으로 의심스러운 행동을 정당화하는 데 능숙하다는 점에 유의해야 한다. 우리는 종종 "누구나 다 하는 거잖아", "상사가 시키는 대로 했을 뿐인걸", "대의를 위해서야", "은행을 털고 있는 것도 아닌데 뭐",

"저 사람들 잘못이야, 당해도 싸" 등의 말을 중얼거린다. 이럴 때 다음 3가지 테스트를 하면 자기 기만적 합리화를 피할 수 있다.

1. **공공성 테스트:** 지금의 선택과 그 선택 배경이 지역 신문 1면에 실려도 아무렇지 않겠는가?
2. **일반화 가능성 테스트:** 이 결정이 비슷한 상황에 처한 모든 사람에게 선례가 되어도 괜찮은가?
3. **거울 테스트:** 이 결정을 내린 후 거울에 비친 내 얼굴이 진정 원하는 모습인가?

3가지 질문에 대한 답이 "아니요"라면 계속 진행하기 전에 신중하게 생각해야 한다.

사람들은 마음이 급할 때 비윤리적으로 행동할 가능성이 더 높다는 연구 결과가 있다. 반드시 어느 한순간에 내려야 하는 결정은 거의 없다. 잠시 시간을 두고 천천히 생각하면 사물을 객관적으로 바라보는 데 도움이 된다.

고전적인 사회심리학 실험에서, 프린스턴 신학교 학생들은 서둘러 강의를 들으러 갈 때 땅에 힘없이 누워 있는 낯선 사람을 돕기 위해 성경 속 착한 사마리아인처럼 다가가는 경우가 훨씬 더 적었다. 따라서 시간의 압박에 쫓기지 않도록 주의해야 한다. "잠을 자고 나서 생각하라"라는 말을 되새긴다면 종종 더 나은 도덕적 결정을 내리는 데 도움이 될 것이다. 결정을 늦추면서 윤리적 멘토와 상담할 시간을 벌 수도 있다. 멘토를 만날 수 없는 경우에는 거울 테스트와 공공성 테스트를 변형해 실천하라. 조언자에게 자기 행동을 설명한다고 상상하는 것이다. 이 상상이 불편하게 느껴진다면 조심해야 한다.

하지만 윤리적 입장을 고수하려다가 동료나 상사를 난처하게 만드는 경우도 많기 때문에 이를 따르기가 무척 까다롭게 느껴질 수 있다. 악명 높은 '밀그램 실험(연구 참가자들이 실험자의 지시에 따라 무고한 지원자들에게 치명적인 피해를 끼칠 만한 충격을 가하는 실험)'은 사람들이 타인, 특히 권력을 가진 사람들의 압력에 얼마나 취약한지 보여준다.

사회적 압력에 굴복하지 않으려면 어떻게 해야 할까?《기업 윤리 현장 지침The Business Ethics Field Guide》(2016)의 저자들은 이런 상황에서 스스로 물어볼 만한 몇 가지 질문을 제시한다. 그들에게 내가 이렇게 하도록 요청할 권리가 있을까? 조직의 다른 사람들도 이 문제에 대해 나와 같은 생각을 할까? 요청자는 무엇을 달성하려 할까? 다른 방법으로 달성할 수 있을까? 요청자의 체면을 살리는 방식으로 거절할 수는 없을까? 일반적으로 "남들이 다 그렇게 한다"라거나 상사가 지시했다고 할 경우 무조건 따르지 않도록 주의해야 한다. 자기 행동에 책임을 져야 한다.

직장에서 우리가 직면하는 많은 윤리적 문제를 예전에 다른

사람들도 겪었다. 그래서 구체적인 지침과 프로토콜, 가치선언
문을 개발한 회사들도 있다. 특정 상황에 대해 의구심이 든다면
조직의 공식 정책을 참고하라. 조직의 윤리강령이 구축되어 있
지 않은 경우에는 윤리적 멘토에게 도움을 청하라. 그리고 명백
히 비윤리적이라고 생각되거나 상사의 보복이 두려운 일을 처
리할 경우에는 조직 내에 고충 처리 프로그램이나 내부 고발 핫
라인이 있는지 확인하라.

되돌아보며 반성하기

경험을 통해 배우는 것은 되풀이되며, 평생 추구해야 할 과제다.
결정을 내리고 조처를 하고 나면 엄청나게 성장한다. 윤리적인
사람도 완벽하지는 않다. 하지만 이들은 실수를 저지르면 검토
하고 반성해 앞으로 더 잘하려고 노력한다. 실제로 심리학, 컴퓨
터학, 간호학, 교육학 등 다양한 분야 연구에서, 과거의 개인적
경험을 통해 배우는 성찰이 가장 중요한 첫 단계라고 말한다. 성
공과 실패를 모두 성찰하면 반복되는 범법 행위뿐 아니라 개인
적 삶과 직업적 삶을 구분한 채 각기 현저하게 다른 도덕규범에
따라서 사는 '정체성 분열'을 피할 수 있다.

하지만 자기 성찰에는 한계가 있다. 윤리적 결함이라는 사실

이 명백할 때도 있지만, 선택의 경계가 모호할 때도 있기 때문이다. 게다가 사람들은 자신의 관점뿐만 아니라 개인적 역사와 편견에 사로잡힐 수도 있다. 그러므로 신뢰할 만한 사람의 조언을 구해야 한다. 자기 성찰을 할 때도 구체적으로 질문하고, 방어적 태도를 피하며, 감사를 표현하는 등 업무 성과에 대한 피드백을 받을 때와 마찬가지로 접근한다.

마지막으로, 예일 대학교 에이미 브제스니에프스키Amy Wrzesniewski가 말하는 '자발적 직무 설계job crafting'를 해볼 수 있다. 업무 수행 방식과 직장 내 관계, 심지어 직무를 인식하는 방식까지 능동적으로 조정하면서 업무 경험을 형성하는 것이다. 이 방식을 따르면 업무에 더 큰 의미가 생기고 잠재력을 발휘하는 데도 도움이 된다. 업무와 업무에 접근하는 방식에서 스스로 주도하는 상향식 변화를 꾀해 윤리적 경력에 자발적 직무 설계를 적용할 수 있으며, 이를 통해 더욱 도덕적인 사람이 될 수 있다. 예를 들어, 자발적 직무 설계에 관한 초기 연구에서 브제스니에프스키와 동료들은 많은 병원 청소 담당 직원이 자기 업무를 청소부가 아니라 치료사로 바라본다는 사실을 발견했다. 이들은 단순히 병실을 청소하는 것이 아니라, 평화로운 치유 환경을 조성하도록 도왔다. 한 시설 관리인은 미소와 유머를 통해 암 환자들이 긴장을 풀고 편안하게 느끼도록 이끌었다. 그녀는 계속 항암 치료를 받느라 고통스러운 사람들에게 자신이 잠시나마 밝은

FOR BUSINESS STUDENTS

빛이 될 수 있다고 믿으며 환자들과 교류할 기회를 찾아 나섰다. 자신의 직무를 자발적으로 설계해 사랑과 연민, 친절과 충성심 같은 추모사 미덕을 계발하고 갖춘 것이다.

* * *

윤리적 전문가가 되는 길이 그리 어렵지 않다고 느낄 수도 있다. 부모님이 말씀하셨듯이 그냥 옳은 일을 하기만 하면 된다고 생각할 수도 있다. 하지만 현실 세계에서는 도덕적 우위를 유지하기가 점점 더 어려워지고 있다. 따라서 도덕적 겸손을 견지하고, 도덕성이 위협받는 상황에 대비하며, 순간순간 평정심을 유지하고, 자신의 가치와 열망을 얼마나 지키며 살아가고 있는지 되돌아보면서 윤리적 경력을 관리해야 한다.

마리암 쿠차키 Maryam Kouchaki는 켈로그 경영대학원 경영 및 조직학 교수다.

아이작 스미스 Isaac H. Smith는 브리검영 대학교 메리어트 경영대학원 조직행동 및 인적 자원 조교수다. 조직과 조직 내 사람들의 도덕성과 윤리를 탐구한다.

윤리적인 직장 생활에 필요한 3단계 접근 방식

문제

우리는 대부분 자신이 선한 사람이라고 생각한다. 직장에서 윤리적인 사람이 되겠다고 결심하고, 도덕성을 위협받는 순간에도 윤리적으로 행동하고 싶어 한다. 하지만 윤리적 경력을 쌓기 위해서는 바르게 살겠다는 의도만으로 부족하다. 수십 년에 걸친 연구를 통해 사람들의 도덕적 판단을 흐리게 하는 사회적·심리적 과정과 편견이 밝혀졌다. 이 편견 때문에 사람들은 종종 자신의 가치에 어긋나는 행동을 한 뒤 나중에 정당화한다.

해결책

직장 생활에서 꾸준히 옳은 일을 하려면 사고방식을 도덕적 겸손 쪽으로 전환해야 한다. 주의하지 않으면 누구라도 범법 행위를 저지를 수 있다는 사실을 인식해야 한다. 계속 올바르게 사는 데 효과적인 3단계 접근 방식이 있다. 적절한 안전장치를 마련해 도덕성을 위협받는 상황에 미리 대비하고, 도덕성이 위협받을 때 올바른 결정을 내리며, 도덕적 성공과 실패에 대해 반추하며 그로부터 배운다.

목적을 통해 영향 미치기

자신의 열정을 파악하고 실천하기

닉 크레이그, 스콧 스누크

2010년쯤부터 목적purpose 중심 리더십에 관한 관심이 폭발적으로 증가했다. 학계에서는 경영진의 가장 중요한 역할이 조직의 목적을 이끄는 청지기가 되는 것이라고 설득력 있게 주장한다. 기업 전문가들은 목적이야말로 우리가 탁월한 성과를 내게 만드는 열쇠라 주장하고, 심리학자들은 목적이 우리를 더 큰 행복으로 이끌어준다고 설명한다.

심지어 의사들은 삶의 목적이 있는 사람이 병에 덜 걸린다는 사실을 발견하기도 했다. 전략이 끊임없이 변화하며 뚜렷하게 옳거나 그른 결정을 찾아보기 힘든 오늘날 복잡하고 불안정하며 모호한 세상을 헤쳐나가기 위한 열쇠로서 목적이 점점 더 주목받는다.

그러나 이처럼 목적의 중요성이 강조되어도 여전히 큰 과제가 남아 있다. GE부터 걸스카우트까지 다양한 조직에서 수천 명의 책임자를 교육하고 하버드 경영대학원에서 수많은 경영진과 학생을 가르치면서, 우리는 자신의 개인적 목적을 뚜렷하게 알고 있는 리더가 20퍼센트도 안 된다는 사실을 알았다. 자기 목적을 구체적으로 진술할 수 있는 사람은 이보다 더 적었다.

이들은 아마도 조직의 사명을 명확하게 표현할 수는 있을 것이다. 구글의 "전 세계의 정보를 체계적으로 정리해 누구든지 유용하게 활용하도록 만드는 것"이나 찰스 슈왑의 "개인 투자자의 한결같은 조력자"라는 표현을 떠올려보라. 그렇지만 사람들은 자신의 목적을 설명해달라고 하면 대개 "다른 사람들의 성공을 돕는 것"이라거나 "성공을 보장하는 것", "직원들의 역량을 강화하는 것"과 같이 일반적이고 모호한 답변을 내놓는다.

목적을 행동으로 옮기기 위한 명확한 계획을 세운 사람이 거의 없다는 점도 문제다. 결국 사람들은 스스로 야망을 제한하고 가장 원대한 직업적·개인적 목표를 달성하지 못하는 경우가 많다.

우리의 목적은 경영진이 리더십 목적leadership purpose을 찾고 정의해 실행에 옮기도록 돕는 것이다. 동료인 빌 조지Bill George의 뜻깊은 연구를 기반으로 한 우리의 프로그램은 진정한 리더십과 관련해 광범위한 주제를 다루는 것으로 시작했지만, 최근

에는 목적이 우리의 교육과 코칭의 토대로 부상했다. 임원들은 우리에게 목적이 업무와 개인 생활 양쪽에서 성장을 촉진하고 영향력을 키우는 열쇠라고 말한다. 실제로 우리는 자신의 목적을 명확히 하고 그 목적을 실천할 용기를 찾는 과정, 즉 '목적을 통해 영향 미치기'가 리더로서 수행할 가장 중요한 개발 과제라고 믿는다.

하이네켄 미국 지사의 사장 겸 CEO인 돌프 판 던 브링크Dolf van den Brink의 사례를 생각해보자. 그는 우리와 함께 작업하면서 "왕국을 구하는 무림 고수가 되는 것"이라는 독특한 목적 선언문을 만들었다. 중국 쿵후 영화를 향한 그의 애정, 영화 속의 현명하고 노련한 전사들에게서 얻은 영감과 그 자신 역시 행동을 취해야만 하는 대단히 위험한 상황에 처해 있다는 깨달음을 반영한 문구다. 목적에서 비롯된 추진력을 바탕으로 그는 극도로 어려운 경제 상황에서 고군분투하던 사업체를 되살리기 위한 계획을 수립했다.

한 리테일 회사 책임자가 "누구든, 어디서든, 무엇이든 더 나은 결과를 만들어야 한다"라는 새롭고 명확한 목적을 강조하면서 해외 경쟁업체를 물리치는 데 필요한 '어렵고 혁신적인 변화'를 단행하는 것도 지켜보았다. 우리는 이집트의 한 공장장이 '탁월한 가족 공동체를 형성하는 것'이라는 목적을 활용해 직원들을 설득하는 모습도 보았다. 그는 직원들에게 시위에 참여하는 것이 아니라, 서로에 대한 충성심을 유지하고 공동 작업을 지속하는 의미에서 2012년 제2차 이집트 혁명을 기념해야 한다고 말했다.

우리는 기업 사회 밖에서도 비슷한 결과를 목격했다. 예비역 육군 대령인 캐시 스누크Kathi Snook(필자인 스콧의 아내)는 전업주부로 몇 년을 보낸 후 직장에 복귀하는 데 어려움을 겪었다. 하지만 그녀는 군 생활 내내, 그리고 아이들에게도 그랬듯이 "온화하고, 뒤에서 묵묵히 일하며, 성공의 원동력이 되는 사람"이 되겠다는 의사를 밝힌 후 경합이 치열한 학교 위원회에 출마하기로 결심했고, 마침내 당선되었다.

또한 우리는 목적 중심 사고를 여러 조직에 걸쳐 이행했다. 목적 중심 리더십에 전념하는 유니레버의 글로벌 학습 책임자 조너선 도너Jonathan Donner는 우리의 접근 방식을 세련되게 다듬는 데 핵심적 파트너였다. 그는 자기 회사 및 다른 여러 조직과 협력해 1,000명 이상의 리더가 목적 중심 리더십 과정을 통해 영향력을 발휘하도록 지원했으며, 지난 2~3년 동안 그들의 진행 상황을 추적하고 검토하기 시작했다. 2단계 승진부터 지속적인 사업 성과 개선에 이르기까지 많은 사람이 극적인 결과를 경험했다. 가장 중요한 것은 대다수 사람이 가장 힘든 시기를 겪을 때도 꾸준히 번영할 능력을 개발했다고 말한 점이다.

이 글에서는 누구나 이들과 같은 길을 시작할 수 있도록 단계

별 프레임워크를 공유하고자 한다. 목적을 파악한 다음 구체적인 성과를 달성하기 위한 영향력 계획을 수립하는 방법도 설명할 것이다.

리더십 목적이란 무엇인가?

리더십 목적은 자신이 누구이며 어떤 점이 나와 다른 사람의 차별화를 만드는지와 관련 있다. 스타트업 기업가든, 포춘 500대기업의 CEO든, 콜센터 상담원이든, 소프트웨어 개발자든, 우리의 목적은 우리의 브랜드이자 성취하려는 목표이며 우리를 움직이게 하는 마법과도 같다.

중요한 것은 무엇을 하느냐가 아니라 어떻게 하느냐, 왜 하느냐다. 즉, 어떤 자리에서든 자신의 강점과 열정을 발휘하는 것이다. 맥락에 따라 각자의 목적을 다른 방식으로 표현하겠지만, 목적이란 내 주변의 모두가 나만의 고유한 특징으로 인식하고 내가 없으면 가장 그리워할 만한 것이다.

캐시가 목적 선언문을 가족 및 친구들과 공유했을 때 그들은 즉각적이고 압도적인 반응을 보였다.

"그래! 그게 바로 당신이야. 언제나, 어떤 일을 하든."

육군 체조 팀 주장으로서든, 웨스트포인트의 수학 교사로서든, 비공식적으로 가족 및 친구들과 함께 있을 때든, 어떤 역할이나 상황에서든 그녀는 항상 뒤에서 묵묵히 이끌며 다른 사람의 성공을 위해 부드럽지만 강력한 촉매제 역할을 해왔다. 이 새로운 렌즈를 통해 그녀는 자신과 자신의 미래를 더 명확하게 볼 수 있었다. 돌프 판 던 브링크가 아내에게 자기의 새로운 목적을 밝혔을 때, 그의 아내는 콩고에서 심각한 전투와 불안한 혼란 속에서 직원들을 이끌었고 이제는 하이네켄 미국 지사장이라는 도전에 정면으로 맞설 준비가 된 '무림 고수'를 쉽게 알아보았다.

리더십 목적의 핵심은 자신의 정체성, 즉 자신이 누구인지에 대한 본질에서 비롯된다. 목적은 그동안 사람들이 살아오면서 쌓아온 교육과 경험, 기술의 총집합이 아니다. 우리를 직접 예로 들어보자. 스콧이 퇴역한 육군 대령이며 MBA와 박사 학위를 받았다는 사실은 그의 목적이 아니다. 그의 목적은 "다른 사람들이 보다 의미 있는 삶을 살 수 있도록 돕는 것"이다. 목적은 직업이나 직함이 아니며, 현재의 직업이나 조직에 국한된 것도 아니다. 닉의 목적은 "진정성 리더십 연구소를 이끄는 것"이 아니다. 그것은 그의 직업이다. 그의 목적은 "사람들을 깨워 그들이 집으로 찾아가게 하는 것"이다. 그는 10대 시절부터 그렇게 해왔고, 누군가 보스턴에서 뉴욕으로 가는 셔틀버스에서 그의 옆에 앉아 있으면 그는 (비유적으로) 그 사람을 깨운다. 자기도 모르게 그렇게 하고 만다.

목적은 분명 전문 용어로 가득 찬 포괄적인 의미('고객을 만족시키고 탁월한 사업 성과를 달성할 수 있도록 팀의 역량 강화하기')로 설명하는 것이 아니다. 구체적이고 개인적이어야 하며, 오로지 나 자신에게 공감을 불러일으켜야 한다. 반드시 열망이나 대의명분에 기반할 필요는 없다('고래를 구하자' 또는 '굶주린 사람들을 먹여 살리자'처럼). 스스로 이렇게 해야 한다고 생각하는 것이 아니다. 저절로 그렇게 될 수밖에 없는 것이다. 사실 그렇게 거창할 필요도 없다('사람들 옆에서 그들을 계속 움직이게 하는 가시가 되어주세요!'처럼).

리더십 목적을 어떻게 찾을까?

리더십 목적을 찾기는 쉽지 않다. 찾기 쉽다면 우리 모두 우리가 왜 여기 있는지 정확히 알고 매 순간 그 목적을 위해 살아갈 것이다. 우리는 부모님과 상사, 경영 전문가, 광고주, 유명인 등에게서 앞으로 어떤 사람이 되어야 하는지(더 똑똑하고, 더 강하고, 더 부유한 사람이 되는 방법), 어떻게 리더십을 발휘해야 하는지(다른 사람에게 권한을 부여하고, 뒤에서 이끌고, 진정성을 갖추고, 권력을 분배하는 방법)에 대한 뚜렷한 메시지를 끊임없이 접하며 살아간다. 이런 세상에서는 '나답게 살기'는 고사하고 자신이 어떤 사람인지 파악하기조차 힘들다. 하지만 우리의 경험으로 볼 때 자신이 어떤 사람인지 명확히 파악하면 다른 모든 것은 자연스럽게 따라온다.

어떤 사람은 반성과 성찰로 자연스럽게 '목적을 통해 영향 미치기' 여정을 시작한다. 다른 사람은 불편하고 불안한 경험을 한다. 몇몇은 그저 눈동자만 굴린다. 우리는 다양한 계층의 리더와 함께 작업해왔으며, 가장 회의적인 사람도 이 경험에서 개인적·직업적 가치를 발견한다는 사실을 증명할 수 있다.

한 다국적 기업에서 우리는 자기가 "이 작업을 유용하게 생각할 가능성이 가장 낮은 사람"이라고 표현한 고위 변호사와 작업한 적이 있다. 하지만 그는 자기 직원 모두에게 우리의 프로그램을 반드시 이수하라고 요구할 정도로 열렬한 지지자가 되었다. 그는 직원들에게 말했다.

"저는 자기계발서를 읽어본 적이 없고 앞으로도 읽을 계획이 없습니다. 하지만 뛰어난 리더가 되고 싶다면 리더십의 목적을 알아야 합니다."

꿈꾸는 사람과 회의적인 사람 모두를 참여하게 만드는 열쇠는 개성을 표현할 여지가 있으면서도 단계별로 실용적인 지침을 제공하는 과정을 구축하는 것이다.

첫 번째 작업은 자기 인생 이야기에서 공통 맥락과 주요 주제를 찾아내는 것이다. 자신의 본질적인 부분과 평생의 강점, 가치와 열정, 즉 자신에게 활기와 기쁨을 가져다주는 것이 무엇인지 파악하는 과정이 핵심이다. 우리는 다양한 질문을 활용해 다음 3가지 질문이 가장 효과적이라는 사실을 발견했다.

- 주변에서 무엇을 좋아하거나 하지 말아야 한다는 말을 듣기 전, 어릴 적에 특히 좋아했던 일은 무엇인가? 그 순간이 어땠는지, 어떤 기분이었는지 설명하라.
- 인생에서 가장 힘들었던 경험 2가지를 이야기하라. 그 경험 후 어떻게 바뀌었는가?
- 나만의 길을 가기 위해 지금 삶에서 어떤 일을 즐기고 있는가?

사람들이 혼자서 리더십 목적을 파악하기란 거의 불가능하다는 사실을 알기 때문에 우리는 소수의 동료로 구성된 소규모 그룹에서 이런 질문을 다루라고 적극 권한다. 신뢰할 만한 동료나 친구가 거울 역할을 해주지 않으면 자기를 명확하게 파악할 수 없다.

성찰 작업이 끝나면 "나의 리더십 목적은 _____ 다"라고 명확하고 간결하며 확고한 목적 선언문을 작성하라. 목적 선언문에 쓰는 단어는 반드시 자기 자신의 것이어야 한다. 자신의 본질을 포착해야 한다. 우리에게 행동을 촉구해야 한다.

이 과정이 어떻게 작동하는지 알고 싶다면 다음 몇몇 경영진의 경험을 참고하기 바란다. 한 임원에게 어린 시절의 열정에 대해 물었더니, 그녀는 스코틀랜드의 시골에서 '발견' 미션을 즐기며 자랐던 기억에 관해 이야기했다. 어느 날 그녀는 친구와 함께 개구리를 찾아내기로 결심하고 온종일 이 연못에서 저 연못으로 돌을 헤집으며 돌아다녔다. 그러다가 해가 지기 직전에 개구리 한 마리를 발견하고는 승리의 기쁨을 맛보았다. "항상 개구리를 찾아라!"라는 목적 선언문은 현재 회사의 R&D 수석 부사장이 된 그녀의 역할에 딱 맞는 문구였다.

또 다른 임원은 두 번의 '결정적인' 인생 경험을 통해 목적을 만들어냈다. 첫 번째는 개인적 경험이다. 몇 년 전 이혼한 그녀는 두 아이의 엄마로서 노숙자가 되어 길거리에서 구걸할 정도로 힘든 상황이었는데, 기지를 발휘해 그 힘든 시기를 극복했다. 두 번째는 직업적 경험이다. 그녀는 2008년 경제 위기 당시 회사의 아시아 지역 사업 철수를 감독하고, 이 지역 주력 사업장을 폐쇄하는 임무를 맡았다. 그녀는 절망적인 고용 시장에서도 직원들을 해고하기 전에 한 명 한 명이 다른 일자리를 찾을 수 있도록 도와주었다. 이런 이야기를 그룹과 논의한 후, 자신의 목적 선언문을 "지속적으로 흔들림 없이 나 자신과 다른 사람의 성장과 발전을 개발하고 촉진해 훌륭한 성과를 이끌어낸다"에서 "끈질기게 탁월함을 창조한다"로 바꾸었다.

돌프는 자신의 영화 취향뿐 아니라 콩고에서의 유별나고 가혹한 경험을 통해 '무림 고수'라는 문구를 만들었다. 그는 당시 병사들이 자신이 운영하는 양조장을 위협하는 바람에 직원들을 보호하고 약탈을 막기 위해 바리케이드를 치도록 명령했다. 한 이집트 공장 책임자는 가족의 사랑과 지지가 인생에서 부딪히는 고난에 맞서는 열쇠임을 깨달은 후, 목적을 찾을 때 가족을 중심으로 삼았다. 한 리테일 운영 경영자는 자신과 다른 사람들을 안전지대 밖으로 밀어낼 때마다 가장 큰 성과가 있었음을 깨닫고, "발전할 수밖에 없는"이라는 표현을 사용했다.

자기 이야기를 점검하다 보면 앞에서 살펴본 임원들처럼 하나의 일관된 흐름을 발견할 것이다. 그 흐름을 따라가면 자기의 목적을 알 수 있다(〈목적 선언문: 나쁜 것에서 좋은 것으로〉에서 목적 선언문 샘플 참고).

목적을 어떻게 행동으로 옮길 것인가?

리더로서 목적을 명확히 설정하는 것은 매우 중요하지만, 선언문을 작성하는 것만으로는 충분하지 않다. 목적에 따라 살아감으로써 세상에 미칠 영향력도 생각해야 한다. 정말 중요한 것은 말이 아니라 행동이다. 물론 그 누구도 자신의 목적을 100퍼센트 완벽하게 실천하기란 사실 불가능하다.

목적 선언문

나쁜 것에서……	좋은 것으로	'목적을 통해 영향 미치기' 계획	전통적인 개발 계획
새로운 부서를 이끌고 탁월한 사업 성과를 달성한다.	'혼란'을 제거한다.	의미와 목적이 담긴 언어를 사용한다.	일반 기업 언어를 사용한다.
개개인이 필요한 성과를 달성하게 하고 가정과 업무에서 균형을 맞추며 사업의 새로운 동인을 정복하는 인프라 사업의 추진력이 된다.	물과 전력 없이 살아가는 20억 인구에 물과 전력을 공급한다.	경력에서의 야심을 실현하기 위해 강점에 집중한다.	성과 향상을 위해 약점에 집중한다.
나와 타인의 성장을 지속적이며 일관성 있게 개발하고 촉진해 훌륭한 성과를 거둔다.	끈기 있게 탁월함을 창조한다.	어떻게 리더십을 발휘할지 설명하는 리더십 목적 선언문을 작성한다.	사업 또는 경력 중심의 목표를 진술한다.
		리더십 목적의 실천과 관련된 점진적인 목표를 설정한다.	회사의 사명 및 목표와 결부된 지표를 사용해 성공 여부를 측정한다.
		미래에 초점을 맞추고 뒤로 거슬러 가며 작업한다.	현재에 집중해 일반적인 방식으로 작업한다.
		자신에게 고유한 것: 리더로서 내가 누구인지 다룬다.	일반적인 것: 직무나 역할을 다룬다.
		일과 가정에 총체적 관점을 취한다.	사무실 밖 목표와 책임은 배제한다.

하지만 신중하게 계획을 세워 노력한다면 더 자주, 더 의식적으로, 진심으로, 그리고 효과적으로 실천할 수 있다. '목적을 통해 영향 미치기' 계획은 몇 가지 중요한 면에서 기존의 개발 계획과 다르다. 우선, 사업이나 목표가 아니라 리더십 목적에 대한 진술로 시작한다. 가족이나 외부 관심사, 그 밖의 책임이 있다는 사실을 무시하기보다 일과 개인 생활을 총체적으로 바라본다. 이 계획에서는 의미와 목적이 담긴 언어를 사용해 업무나 역할을 수행하면서 만나는 사람뿐 아니라 자신에게도 전달되는 문서를 작성한다. 장기적 목표(3년에서 5년 후)를 구상한 다음, 거기서부터 뒤로 거슬러 올라가면서(2년 후, 1년 6개월 후, 3개월 후, 30일 후) 목적을 달성하기 위한 구체적인 목표를 설정하도록 이끈다.

학교 이사회에 합류하기로 결정한 캐시의 경우와 같이, 경영진은 목적에 집중하는 방식으로 개발에 접근할 수 있다. 그러면 중동 전역에서 제조 및 물류를 운영하려는 이집트 공장장의 야망처럼 그들의 열망 역시 불타오를 것이다.

리더들은 또한 현재 맡은 역할에서 더욱 활력을 얻는다. 돌프는 영향력 계획 덕분에 하이네켄 미국 지사에서의 역할을 다루면서 팀원들에게 다음과 같은 4가지 모토를 제시했다. "용기를 내라", "결단하고 실행하라", "무리와 함께 사냥하라", "개인적으로 받아들여라".

유니레버의 임원 요스테인 솔헤임Jostein Solheim은 "세상을 바꾸는 일을 재미있고 성취 가능한 것으로 만드는 글로벌 운동의 일원이 되는 것"이라는 목적을 중심으로 발전 계획을 세웠지만, 기업 사다리를 타고 올라가는 대신 벤앤제리스 사업의 CEO로 계속 남고 싶다고 생각했다.

이제 이 과정을 심도 있게 살펴보기 위해 가상의 '목적을 통해 영향력 미치기' 계획(우리와 함께 작업했던 여러 사람의 사례를 반영했다)을 살펴보자. 리처드는 우리가 항해에 대한 평생의 열정을 이야기하도록 부추긴 뒤에야 자기 목적지에 도달했고, 갑자기 조달 분야에서 자기 일을 바라보는 방식을 재정의할 수 있는 일련의 경험과 언어를 발견했다.

리처드의 개발 계획은 목적 선언문을 만드는 과정으로 시작되었다.

"경쟁에서 승리하기 위해 모든 요소를 총동원한다."

그런 다음 그는 왜 이것이 목적인지 설명했다. 무엇이 우리에게 동기를 부여하는지 이해하면 원대한 목표를 달성하는 능력이 크게 향상된다는 연구 결과가 있다.

다음으로, 리처드는 목적 선언문에 쓴 언어를 사용해 3년에서 5년 후 목표를 설명했다. 우리는 3년에서 5년 후가 목표를 설정하기에 적절한 기간임을 발견했다. 아무리 지금 일에 환멸을 느끼는 사람이라도 그 정도 기간이면 자신이 실제로 목적을

'목적을 통해 영향 미치기' 계획

아래 예시는 리처드가 그만의 독특한 리더십 목적을 사용해 큰 그림을 구상한 다음 거슬러 올라가며 더욱 구체적인 목표를 설정하는 방법을 보여준다.

1. 목적 선언문을 작성한다

경쟁에서 승리하기 위해 모든 요소를 총동원한다.

2. 이유를 설명한다

나는 요트 타기를 좋아한다. 10대와 20대에는 고성능 3인용 요트를 타고 올림픽에 출전하려고 계획한 적도 있다. 이제 요트는 내 취미이자 열정이 되었다. 절제와 균형, 조정이 필요한 도전이기도 하다. 바람이 어떻게 변할지 결코 알 수 없으므로 결국 팀의 역량과 직관, 흐름에 의존해야만 경기에서 이길 수 있다. 이런 요소를 어떻게 읽어내느냐가 관건이다.

3. 3년에서 5년 후 목표를 설정한다

최고의 크루를 양성하고 큰 경기에서 우승해 명성을 얻는다: 글로벌 조달 역할을 맡고 조직이 경쟁사보다 앞서나갈 기회를 활용한다.

어떻게 할 것인가?

- 팀원 모두 한 팀의 일원이라고 느끼게 한다.
- 다른 사람보다 먼저 바람의 흐름을 파악해 예측할 수 없는 상황을 헤쳐나간다.
- 경기에서 한 번 지더라도 침착함을 유지하고, 다음 경기를 위해 배우고 준비한다.

▶ **나의 해안 팀을 칭찬한다:** 구성원을 하나로 묶어주는 일이 있는지 확인한다.

FOR BUSINESS STUDENTS

4. 2년 후 목표를 설정한다

금메달을 딴다: 새로운 조달 모델을 실행하고 공급업체와의 관계를 재정의하며 회사에 10퍼센트 비용 절감 효과를 창출한다.

다음 단계 경기 과제에 도전한다: 더욱 광범위한 책임을 맡을 유럽 지역 역할로 이동한다.

어떻게 할 것인가?

- 어려운 과제를 예측하고 직면한다.
- 혁신적이면서도 엄격하고 실용적인 솔루션을 고집한다.
- 우승을 위해 팀원을 구성하고 훈련한다.

▶ **해안 팀을 개발한다:** 팀원들에게 항해술을 가르친다.

5. 1년 후 목표를 설정한다

금메달을 목표로 삼는다: 새로운 조달 프로세스를 개발하기 시작한다.

짧은 경기에서 승리한다: 예상에 앞서 심픽스Sympix 프로젝트를 제공한다.

항해에 적합한 배를 만든다: 비용 및 현금 예측 범위 내에서 TFLS 프로세스를 유지한다.

어떻게 할 것인가?

- 팀 재구성을 가속화한다.
- 새로운 조달 접근 방식에 대해 경영진의 동의를 얻는다.

▶ **해안 팀에 투자한다:** 이메일을 확인하지 않고 2주간 휴가를 보낸다.

6. 중요한 다음 단계를 구상한다

팀원을 구성한다: 주요 채용을 마무리한다.

과정을 계획한다: 심픽스 및 TFLS 프로젝트의 토대를 마련한다.

어떻게 할 것인가?

− 6개월 후
- 승계 계획을 마무리한다.

- 심픽스 기한을 설정한다.

– 3개월 후
- 짐을 대신할 세계적 수준의 후임자를 영입한다.
- 이메일 없이 집중할 '액션 윈도action windows' 일정을 잡는다.

– 30일 후
- 상하이의 알렉스를 팀에 합류시킨다.
- TFLS 기준에 합의한다.
- 오프사이트에서 1일 심픽스를 실시한다.

▶ **해안 팀과 다시 접촉한다:** 질, 그리고 팀원들과 더 많이 소통한다.

7. 주요 관계를 검토한다
세라, HR 관리자
질, '해안 팀' 관리자

따르는 삶을 살 거라고 상상할 만큼 충분히 길기 때문이다. 그렇다고 자만심이 생길 정도로 멀리 떨어진 목표도 아니다. 리처드의 경우처럼 최고의 직위(글로벌 조달 역할)에 오르는 것이 목표가 될 수도 있지만, 그보다는 그 일을 어떻게 해낼지, 어떤 리더가 될지에 초점을 맞춰야 한다.

그런 다음 '2년 후의 목표'를 생각한다. 이 시기에는 원대한 미래와 실제 현실이 합쳐지기 시작한다. 어떤 새로운 책임을 맡게 될까? 좀 더 장기적 관점에서 자기 미래를 준비하기 위해 무엇을 해야 할까? 어디서나 자기 목적에 맞게 더욱 충실히 살아야 하므로 개인적 생활을 다루는 것도 명심해야 한다. 리처드의 목표에서는 가족, 즉 '해안 팀'이 명시적으로 언급된다.

다섯 번째 단계인 '1년 후 목표' 설정은 가장 어려운 단계다. 많은 사람이 묻는다.

"내가 지금 하는 일의 대부분이 리더십 목적과 전혀 일치하지 않는다면 어떻게 해야 할까? 어떻게 하면 목적을 달성할까?"

우리는 이 문제를 해결할 2가지 방법을 발견했다. 첫째, 업무의 일부에 관한 이야기를 다시 쓰거나 일부 작업 수행 방식을 변경해 목적을 표현하는 방법이 있는지 생각해본다. 예를 들어, "항해에 적합한 배"라는 문구는 리처드가 기본적인 조달 프로세스를 관리할 때 어떻게 의미를 찾는지 파악하는 데 도움이 된다.

둘째, 목적과 100퍼센트 일치하는 활동을 추가하는 방법을 찾아본다. 우리는 사람들 대부분이 자신에게 활력을 주고 다른 사람이 자신의 강점을 알아보는 데 도움이 되는 일에 5~10퍼센트의 시간을 투자할 수 있다는 사실을 알아냈다. 글로벌 조달 전략을 위해 노력하기로 한 리처드의 결정을 예로 들어보자. 이 일은 그의 '일상적 업무'의 일부는 아니지만, 그가 좀 더 목적 지향적 프로젝트에 참여하게 한다.

이제 핵심을 짚어보겠다. 자신이 설정한 1년 후 목표를 달성하기 위해 앞으로 6개월, 3개월, 30일 동안 취할 '중요한 다음 단계'는 무엇인가? 사소한 승리의 중요성은 변화 계획에서 혁신에 이르기까지 거의 모든 경영 분야에 걸쳐 잘 알려져 있다. 다음 단계를 자세히 설명할 때는 업무에 필요한 요구 사항을 하나하나 적지 마라. 새롭고 명확하게 작성한 리더십의 목적과 포부를 고려할 때 가장 중요한 활동이나 결과의 목록을 적어라. 어떤 업무는 예전보다 그리 긴급해 보이지 않고, 한쪽으로 미뤄놨던 업무의 우선순위가 높아지기도 할 것이다.

마지막으로, 계획을 현실로 만드는 데 필요한 '주요 관계'를 살펴본다. 리더십 목적에 더 충실하게 살아가도록 도와줄 사람 2~3명을 찾아보라. 리처드의 경우, 팀원 구성을 도와줄 HR 매니저 세라, 그리고 '해안 팀' 매니저인 아내 질이다.

경영진은 각자의 '목적을 통해 영향 미치기' 계획이 장·단기 목표에 충실하고 용기와 헌신, 집중력을 고취하는 데 도움이 된다고 말한다. 좌절하거나 지칠 때 계획을 열어보고 스스로 달성하고자 하는 목표와 성공 방법을 되새긴다는 것이다. 글로벌 경쟁에 직면한 리테일 운영 경영자는 계획을 세운 후 더 이상 "너무 어려운 일을 피하려 하지 않는다"라고 밝혔다. 돌프 판 던 브링크는 이렇게 말했다.

"제가 진정으로 기여할 수 있는 분야와 그렇지 않은 분야를 훨씬 더 명확히 알았어요. 열망하는 역할의 종류를 확실히 알고, 그 과정에서 분명한 선택을 할 수 있었지요."

* * *

무엇이 위대한 리더와 회사를 만들까? 위대한 리더와 회사는 각각 세상과 업계, 할 수 있는 일과 할 수 없는 일에 대해 조금씩 다른 가정을 바탕으로 작동한다. 저마다의 관점을 통해 이들은 위대한 가치를 창출하고 상당한 영향력을 발휘한다. 이들 모두 고유한 리더십 목적에 따라 활동한다. 진정으로 효과적인 리더가 되려면 그렇게 해야 한다. 목적을 명확히 설정하고 실천에 옮겨야 한다.

닉 크레이그 Nick Craig는 진정성 리더십 연구소 대표다.

스콧 스누크 Scott Snook는 하버드 경영대학원 조직행동학 부교수다. 22년 넘게 미국 육군 공병대에서 복무했다.

리더십 목적을 찾기 위한 3단계 계획

문제

전략이 끊임없이 변화하는 데다 뚜렷하게 옳거나 그른 결정을 찾아보기 힘든 오늘날, 우리가 직면한 복잡한 세상을 헤쳐나가는 데 목적이 점점 더 중요한 열쇠로 여겨지고 있다. 그런데 자신의 리더십 목적을 확고하게 알고 있거나 행동으로 옮기기 위해 명확한 계획을 세운 리더는 거의 없다. 그 결과, 종종 원대한 직업적·개인적 목표를 달성하지 못한다.

해결책

리더십 목적을 발견하기 위한 첫 단계는 자신의 인생 이야기에서 평생의 열정과 가치관을 드러내는 주요 주제를 찾는 것이다. 그런 다음, 용기와 활력을 불어넣을 간결한 '목적 선언문'을 작성한다. 마지막으로, '목적을 통해 영향 미치기' 계획을 수립한다.

효과적인 계획의 요건은 다음과 같다.

- 자기에게 특별히 의미 있는 언어를 사용한다.
- 큰 그림에 집중한 다음 단기 목표를 설정하고, 점점 더 구체화하며 거꾸로 작업한다.
- 자신이 내세울 수 있는 강점을 강조한다.
- 일과 가족에 총체적 관점을 취한다.

강점을 너무 밀어붙이지 마라

자신의 리더십 성향 관리하기

로버트 캐플런, 로버트 카이저

리더십 개발 분야에서는 대개 자신의 강점이 조직의 요구와 일치한다는 전제하에 이를 개발하고 활용하라고 조언한다. 이 논리대로라면 어떤 단점을 고치려고 아무리 애써도 발전이 미미할 뿐이다. 그러니 결함을 극복하려 너무 애쓰지 마라. 잘하는 일에 집중하고, 보완적 강점을 갖춘 사람을 주변에 둬라.

　이는 성과 평가와 관련해 건전하지 못하게 약점에만 집중했던 태도에 대한 대응으로 부상한 합리적인 접근 방식이다. 실제로 7년 전 우리 중 한 명(캐플런)은 〈HBR〉에 실은 짧은 글에서 강점을 파악하는 것의 가치를 언급했는데, 꼭 약점을 극복하기 어렵다는 이유에서만은 아니었다. 오히려 강점을 지나치게 밀어붙이는 문제를 다뤘다.

〈HBR〉의 글에서는 자신이 평범하다고 여기는 한 미디어 기업의 중역을 예로 들었다. 그는 복잡한 개념을 남들보다 훨씬 빨리 파악했다. 그런데 그 자신은 이 사실을 잘 모른 채 자기만큼 따라오지 못하는 동료에게 참을성을 발휘하지 못했다. 그는 뚜렷한 피드백을 여러 번 받고 나서야 동료들을 심하게 대한다는 사실을 깨달았다. 다시 말해, 그는 자기도 모르게 지나친 수준까지 밀어붙여 자신의 영리함을 망가뜨리고 있었다.

이런 현상은 흔히 나타난다. 직원들에게 너무 느슨하게 대하는 협조적인 상사나, 결과에 과도하게 집착해 과잉 통제로 치닫는 유능한 운영 책임자 등 비정상적인 리더를 떠올리는 관리자들이 많을 것이다. 하지만 자신이 과잉 통제한다는 것을 스스로 알아차리기란 매우 어렵다.

바로 이 지점에서 리더십 개발 도구가 제대로 효과를 발휘하지 못한다. 한 사람의 특성을 '강점'과 '약점'으로 나누는 기존 방식은 지나치게 강점을 내세우는 현실을 반영하지 못한다. 사고 모델이 이렇게 불완전하다는 점을 고려할 때, 대부분의 리더십 다면평가에서 무조건 점수가 높아야 좋다는 5점 평가 척도를 사용하는 일도 놀랍지 않다. 이런 도구는 그동안 오류에 대한 수십 년간의 연구에서 얻은 중요한 교훈을 간과한다. 많다고 항상 좋은 것은 아니며, 강점을 남용하다가 약점이 될 때 경영진은 일

자리를 잃는다.

25년간의 리더십 컨설팅과 약 1,200명의 중간 및 고위 관리자에 대한 360도 피드백 분석(10년간 약 1만 5,000명의 동료 참여)을 바탕으로, 우리는 관리자가 자신의 강점을 지나치게 활용하는 경우를 파악하고 비생산적인 경향을 수정하는 데 도움이 되는 전략과 도구를 개발했다.

강점을 남용한 대가

우리는 연구에서 팀 성과에 대한 2가지 측면, 즉 활력(사기, 참여도, 단결)과 생산성(생산량의 양과 질)에 미치는 과잉 강점의 영향을 테스트했다. 그리고 강점을 극단적으로 활용하는 것은 항상 성과에 해로우며, 조금만 남용해도 해로울 수 있다는 사실을 발견했다. 예를 들어, 리더가 너무 강압적인 태도를 보이면 팀의 성과는 다소 향상되지만, 활력과 사기가 떨어져 결국 생산성이 저하된다. 반면 리더가 지나치게 허용적이면 활력은 높아지지만, 시간이 지남에 따라 생산성이 떨어져 결국 사기가 저하된다. 일반적으로 강점을 지나치게 밀어붙이면 전혀 밀어붙이지 않은 것만큼이나 효율성이 떨어진다(〈지나침의 결말〉은 강력한 리더십의 결과를 보여준다).

지나침의 결말

리더십 강점을 너무 많이 사용하는 것은 너무 적게 사용하는 것만큼이나 해롭다. 아래 그래프는 강압적 리더십과 전반적인 효과의 관계를 보여준다. 책임자의 효율성에 대한 동료들의 평가(10점 기준)를 강압적인 리더십과 관련해 표시한 것이다.

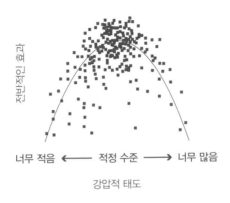

너무 적음 ⟵ 적정 수준 ⟶ 너무 많음

강압적 태도

일반적으로 가장 효율적이라고 여겨지는 책임자는 너무 적지도 너무 많지도 않은 '적정 수준'의 강압적 리더십을 발휘한다. 강압적인 태도가 너무 적거나 너무 많은 경우 모두 효율성이 현저히 떨어지는 것으로 나타났다. 우리의 연구 결과에서는 지원적, 전략적, 운영적 리더십에서도 비슷한 패턴이 드러났다.

톰은 우리와 만나기 얼마 전 회사의 경영위원회에 합류했다 (의뢰인의 개인정보 보호를 위해 톰과 이 글에서 설명하는 다른 책임자들의 이름 등은 모두 재구성했다). 그런데 톰의 동료들과 CEO는 그가 위원회 회의에서 너무 강경한 태도를 보인다는 점을 우려했다. 더욱 강력한 중앙 집중화로 전환하는 문제에 대해 그가 공개적으로 우려를 표명했을 때 이런 성향이 두드러지게 나타났다.

통신 장비 제조업체인 그의 회사는 업계 평균을 훨씬 웃도는 비용을 절감하기 위해 공유 서비스 모델로 전환하고 있었다. 톰은 자신이 운영하는 사업의 실적이 좋다는 점을 근거로 들어 이에 반대했다. 그리고 회사에서 단계적으로 중앙 집중화해 리스크를 줄여야 한다고 열렬히 주장했다.

그는 제안된 변경 사항을 자신의 실적에 대한 인정이 부족하다는 뜻으로 받아들였다. 그는 또한 강압적인 태도를 극단적으로 밀어붙여(그의 입장을 완강하게 옹호하는 모습에서 드러났다) 스스로 자기 위상을 떨어뜨렸다. 이것이 강점을 지나치게 내세우는 데 따르는 대가 중 하나다.

또 다른 대가는 리더십이 한쪽으로 치우친다는 점이다. 한 가지 강점을 지나치게 강조하면 반대쪽 역량이 줄어들 위험이 있다. 예를 들어, 사람들을 의사 결정에 참여시키는 데 능숙하며 이런 강점을 바탕으로 다른 사람들을 독려하는 리더는 너무 많은 사람을 참여시키려 한다. 자신의 방식 때문에 행동으로 옮기는 데 시간이 지나치게 오래 걸린다는 사실을 깨닫지 못할 수 있다. 우리가 연구한 고위 임원 중 97퍼센트는 어떤 면에서 강압적 리더십을 과도하게 발휘했고 허용적 리더십이 부족했다.

마찬가지로 어떤 면에서 운영적 리더십을 지나치게 발휘하는 94퍼센트에게는 전략적 리더십이 부족했다.

한쪽으로 지나치게 치우친 리더십은 리더 자신의 명성과 경력 전망을 제한할 수 있다(리더십의 2가지 근본적 이중성, 즉 강제적 리더십과 허용적 리더십, 전략적 리더십과 운영적 리더십에 대한 자세한 내용은 〈상반되는 리더십 덕목〉 참고). 그런데 안타깝게도 자신이 어떤 강점의 정반대에 해당하는 행동을 남용하고 있을 때 이 사실을 인지하는 사람은 거의 없다.

상반되는 리더십 덕목

리더십은 일반적으로 2가지 기본적인 이중성 사이에서 균형을 맞추는 것으로 이해된다.

전략적 리더십과 운영적 리더십은 리더가 해야 할 일인 '내용'에 해당한다. 회사에서 향후 경쟁력을 갖추도록 포지셔닝하고 현재 성과를 창출하도록 이끌고 있는가?

강제적 리더십과 허용적 리더십은 '방법'과 관련 있다. 리더가 앞장서서 다른 사람들이 기여할 여지를 만들고 있는가?

이런 이중성은 더 세밀하게 분류할 수 있다. 리더들의 집단 지성과 기록 및 우리의 자체 연구 결과를 바탕으로 다음 3가지 하위 개념을 찾아냈다.

리더십의 내용

전략적 리더십
조직의 미래를 포지셔닝한다.

VS.

운영적 리더십
조직의 단기적 성과에 집중한다.

전략적 리더십		운영적 리더십
미리 계획한다 • 장기적 관점으로 큰 그림을 그린다.	⟷	**결과에 집중한다** • 일상적인 실행의 세부 사항을 관리한다.
성장을 추구한다 • 사업을 성장시키고 역량을 확장할 방법을 모색한다.	⟷	**효율성을 극대화한다** • 비용 절감 및 우선순위의 선택적 접근으로 자원을 절약한다.
혁신을 촉진한다 • 현 상태에 의문을 제기하고 새로운 사고를 장려한다.	⟷	**질서를 유지한다** • 절차 및 과정에 규율을 적용해 일을 처리한다.

리더십의 방법

강제적 리더십
자신의 지성과 에너지를 바탕으로
영향력을 행사한다.

VS.

허용적 리더십
다른 사람들이 기여하는 여건을
조성한다.

강제적 리더십		허용적 리더십
책임을 진다 • 주도권을 갖고 방향을 제시한다.	⟷	**권한을 부여한다** • 다른 사람들에게 업무 수행 자유를 부여한다.
선언한다/결정한다 • 견해를 밝히고 고수한다.	⟷	**경청한다/포용한다** • 의견을 구하고, 영향을 받아들인다.
밀어붙인다 • 높은 기대치를 설정하고 사람들에게 책임을 묻는다.	⟷	**지원한다** • 공감과 감수성을 드러낸다.

FOR BUSINESS STUDENTS

균형 찾기

어떤 강점을 지나치게 사용하면 왜 문제가 되는지는 쉽게 알 수 있지만, 그 개념을 머릿속으로 이해하며 변하겠다는 결심을 한다고 문제가 해결되지는 않는다. 균형을 찾기 위해서는 행동의 근원에 대해서도 이해해야 한다. 예를 들어, 톰은 자신의 행동을 항상 긍정적인 시각으로 바라보았다. 자신의 생각을 표현하고 직설적으로 행동했다. 톰의 행동에 무슨 잘못이 있단 말인가? 공정하게 말하면 이런 특성은 어느 정도까지 강점이다. 톰은 사람들이 자신을 지나치게 공격적이라고 생각한다는 사실에 충격을 받았다.

톰은 사고방식의 변화 과정이 놀랍도록 간단했다. 변화 이유는 그가 나쁜 소식을 접했을 때 동료, 부하직원, CEO가 자신을 높이 평가한다는 사실을 알았기 때문이다. 그에게는 존중이 핵심이었다. 더 이상 자기를 돋보일 필요가 없다고 느끼자, 그는 긴장을 풀고 다른 관점에 귀를 기울였다. 피드백 세션 전에 실시한 리더십 설문 조사에서 동료들은 그가 자기 입장을 지나치게 방어한다고 평가했다. 그러나 몇 달 후 또 다른 설문 조사에서는 이 부분에 대한 평가가 상당히 누그러졌고, 일반적으로 매우 뛰어난 사업 판단력을 갖춘 톰은 팀에서 훨씬 더 많은 성과를 거두었다.

다만 톰은 예외적인 경우다. 대부분 사람에게 이런 전환은 상당히 힘들다. 예를 들어, 지나치게 결과 지향적이거나(그래서 팀을 너무 강하게 몰아붙일 수도 있다) 지나치게 원칙주의적이라면(그래서 설교하거나 비판하거나 편협해질 수도 있다) 변하기 어려울 것이다. 하지만 톰은 변화에 열려 있었다. 그는 열정적이면서도 연민을 품을 수 있고, 고상하지 않으면서도 옳을 수 있다는 것을 깨달았다.

강점을 과용한다는 사실을 인정하라

자신이 강점을 과용하는지 스스로 알아차리기란 쉽지 않다. 우리의 연구 표본에서는 55퍼센트의 임원이 동료들에게서 적어도 한 가지 이상 리더십 속성을 지나치게 많이 사용한다는 평가를 받았지만, 이들 중 대다수는 스스로 해당 속성을 과도하게 사용한다고 평가하지 않았다. 5점을 기준으로 평가한 설문 조사에서는 문제가 더욱 심각했다. 한 임원은 '결단력이 있음-제때 결정을 내림' 항목에 스스로 5점을 주었다. 그가 작성한 답변에는 결단력의 단점에 대한 인식이 전혀 반영되지 않았다. 동료들은 그의 결단력을 높이 평가했지만, 이후 대화에서 그가 '너무 일방적'이며 토론 시간을 줄이는 경향이 있다고 언급했다.

리더십 개발 분야에서는 의도치 않게 과잉 강점 평가를 소홀히 해 경영진을 실망시키곤 한다. 톰과 같은 임원이 일반적으로

'매우 뛰어남'이라고 정의되는 5점을 우수한 등급으로 인식하는 것은 이해할 만하다. 문제는 동료가 리더십 행동에 5점을 주었을 때 그 행동이 너무 지나치다는 신호일 수도 있다는 점이다. 따라서 점수만으로는 과잉 관련 신호를 명확히 알 수 없다.

따라서 이런 부분을 알릴 다른 방법을 찾아야 한다. 가장 최근 다면평가 보고서에서 가장 높은 평점을 받은 항목을 검토하는 일부터 시작할 수도 있다. 스스로 물어보라. 우수한 평가를 받은 항목이 내게 너무 지나치다고 알려주는 신호 아닐까? 아니면 동료들에게 자신이 어떤 면에서 너무 지나친지 물어보라. 3가지 질문으로 구성된 설문 조사도 좋은 방법이다. "무엇을 더 해야 할까요? 무엇을 줄여야 할까요? 무엇을 계속해야 할까요?" 그래도 잘 모르겠다면 배우자나 아주 가까운 친구에게 물어보라.

또 다른 방법은 리더로서 가장 갖추고 싶은 자질을 목록으로 작성하는 것이다. 그중 어떤 자질을 지나치게 내세우지 않는가? 이런 질문을 통해 새로운 방식으로 생각하고, 리더십과 자신의 능력에 대해 점검할 수 있다. 다른 리더들보다 우월하다고 여기는 바로 그 점이 너무 밀어붙일 위험이 있는 특성이다.

리더가 어느 한쪽으로 치우치지 않는지 확인하는 데는 자세한 평가 도구가 필요하지 않다. 직접 작성하거나 주변에서 참고로 삼는 자질 목록(예를 들어, 227쪽의 〈상반되는 리더십 덕목〉 또는 〈HBR〉에 실린 '리더가 실제로 하는 일What Leaders Really Do'에서 리더십과 경영을 구분한 존 코터John Kotter의 기준)을 통해 다른 사람들에게 간단히 피드백을 요청할 수 있다.

이제 더 중요한 과제가 있다. 많을수록 좋다는 검증되지 않은 가정이나 지나치게 높은 기대치 등 과도함의 근원을 추적하는 일이다(이번에도 배우자나 좋은 친구가 신뢰할 만한 정보원이 될 수 있다).

강점의 방향을 재설정하라

한 가지 리더십 유형을 강하게 선호할수록, 그 반대 성향의 리더십 유형을 더 혐오한다. 예를 들어, 구성원을 섬기는 이른바 서번트 유형 리더는 이기심을 견디지 못하고 자신을 잘 돌보지 않는 것으로 유명하다.

모두가 완전히 균형 잡힌 사람이 되기를 바라는 것은 비현실적인 기대다. 우리 연구에서는 경영진의 5퍼센트만이 강제적 리더십과 허용적 리더십, 전략적 리더십과 운영적 리더십을 전부 제대로 이해했다. 경영진 대부분은 한쪽으로 기울어져 있다. 이처럼 치우친 리더십은 자신과 팀의 효율성에 피해를 준다. 새로운 사고방식을 받아들이고 치우친 성향을 바로잡을 준비가 되었다면, 특정 속성을 지나치게 강조하거나 그 반대 속성을 과소평가하는 것을 멈추면 된다. 물론 생각보다 훨씬 어렵다.

다행히 리더는 자신의 강점을 다시 적용해 균형을 회복할 수 있다. 톰의 사례가 이런 모습을 보여준다. 그의 타고난 결단력이 미덕에서 악덕으로, 다시 미덕으로 바뀌었기 때문이다. 다른 사람들이 자신을 지나치게 공격적으로 여긴다는 사실을 인정한 후, 그는 동료들의 존경을 받는다는 사실에 힘을 얻어 순전히 의지력으로 자기 행동을 바꿨다.

우리와 함께 작업했던 보험 회사의 총책임자 모린의 경우도 살펴보자. 그녀는 합의 의사 결정을 지나치게 선호해 회의가 너무 길어지는 바람에 팀원들의 인내심이 극에 달했다. 어느 시점이 지나자 팀원들은 그녀가 직접 나서서 결정하기를 원했다. 전체 팀원이 아니라 팀원 10명 중 8명이 동의하는 것으로 만족하자 회의의 생산성이 훨씬 높아졌고, 동의하지 않은 두 사람도 최소한 자신의 의견이 고려되었기 때문에 기분 상해하지 않았다 (게다가 시간도 약간 되찾았다).

지나치게 허용적이고 강제성이 부족한 모린은 전략과 운영이라는 리더십의 2가지 특성에서 한쪽으로 치우쳤다. 전략은 아주 뛰어났지만 실행력이 떨어져 큰 그림을 파악하는 능력이 훼손되었다. 전략적·허용적 리더십 전문인 그녀는 너무 높은 수준에서 업무를 진행하려 했고, 사람들이 광범위한 목표를 파악하지 못하거나 진행 속도가 너무 느릴 때 단호하지 못했다.

장기적 계획을 실행하기 위해서는 운영을 강조할 뿐 아니라 강제성도 높여야 했다. 불편하긴 했지만, 모린은 성과가 부진한 직원들에게 더 엄격해졌다. 일상적 실행에 좀 더 관여하는 동시에 자신에게 부족한 강점을 갖춘 야전사령관 유형의 부책임자를 임명했다. 고위급 리더가 계속해서 성과를 높이는 것도 중요하지만, 소수의 뛰어난 사람이 모든 일을 처리할 수는 없다.

* * *

리더는 언제나 한쪽에 치중할 위험이 있으며, 그 결과 자신이 희생하는 부분을 파악하지 못하는 경우가 많다. 회사에서 리더의 지나친 강점과 일방적 성향을 알려주면서 위험을 완화하는 데 도움을 줄 수는 있다(물론 리더에게도 정보를 제공할 의무가 있다). 그렇다고 회사만 의지해서는 안 된다. 지금은 경력 관리가 개개인의 몫이다. 강점이 약점이 되지 않도록 관리하는 것은 개인의 능력에 달렸다.

로버트 캐플런 Robert E. Kaplan과 **로버트 카이저**Robert B. Kaiser는 리더십 컨설팅 회사 캐플런드브리스의 파트너다. 두 사람은 《다재다능한 리더: 강점을 최대한 활용하라 The Versatile Leader: Make the Most of Your Strength-Without Overdoing It》(2016)를 공동 집필했다.

FOR BUSINESS STUDENTS

'강압적 태도'와 '합의 의사 결정'의 균형 찾기

너무 밀어붙이면 강점이 오히려 약점이 될 수 있다.

리더십 강점인 강압적인 태도(팀을 강하게 밀어붙이기)와 합의 의사 결정(결정할 때 모든 사람의 의견 반영하기)에 대해 생각해보자. 지나치게 강압적인 태도를 보이면 생산성이 높아질 수 있지만 사기가 떨어진다. 합의 의사 결정을 너무 세게 내세우면 사기는 올라가지만 궁극적으로 생산성에 지장이 생겨(예를 들어, 결정하는 데 시간이 오래 걸린다) 결국 사기가 저하된다.

그렇다면 어떻게 이 두 강점의 균형을 맞출까? 첫째, 자신이 특정한 강점을 남용한다는 증거를 찾는다. 360도 다면평가에서 높은 등급을 받은 항목이 단서가 될 수 있다. 그런 다음 강점의 방향을 바꾼다. 예를 들어, 동료들에게 지나치게 공격적으로 대했던 한 임원은 타고난 단호함을 자기에게도 적용해 동료들을 강하게 밀어붙이던 방식을 바꿨다.

리더십 강점의 균형을 위한 제안

캐플런과 카이저는 리더십 강점의 균형을 잡기 위해 다음과 같은 제안을 내놓았다.

자신이 강점을 남용한다는 사실을 인정한다

자신이 어떤 강점을 지나치게 밀어붙이는지 파악하기는 어렵다. 그러나 다음 연습을 반복하면 도움이 될 것이다.

- 동료가 리더십 행위에서 가장 높은 등급을 준 항목에 대해 그 행위를 지나치게 밀어붙였다는 뜻으로 해석할 수 있다. 하지만 다면평가 피드백에서는 어떤 점이 지나친지 정확히 알 수 없다. 가장 최근 다면평가 피드백에서 가장 높은 등급 항목을 확인하고 스스로 물어본다. "내가 이 좋은 특성을 지나치게 밀어붙이는 것은 아닐까?"
- 동료에게 3가지 질문을 한다. "제가 무엇을 더 해야 할까

요?", "무엇을 덜 해야 할까요?", "바꾸지 말아야 할 것은 무엇일까요?"

- 스스로 물어본다. "다른 리더들보다 우월하다고 자부하는 부분이 있는가?" 그렇다고 대답하는 점이 바로 지나치게 밀어붙일 위험이 큰 특성이다.
- 잘 모르겠으면, 어떤 강점을 밀어붙이는지 배우자나 동료에게 물어보라.

강점의 방향을 바꾼다

좀 더 노력해서 밀어붙이는 강점과 정반대 특성이 있는 강점의 균형을 찾는다.

사례

임원이 합의 의사 결정을 지나치게 선호해 회의가 너무 길어져 팀원들의 인내심이 극에 달했다. 팀원들은 특정 시기가 지난 후 임원이 개입해 결정 내리기를 원했다. 임원이 팀원 전체의 합의에 도달하려 애쓰는 대신, 10명 중 8명이 동의해도 일을 추진하자 회의가 훨씬 생산적으로 바뀌었다. 동의하지 않은 사람들도 다수의 의견을 받아들이고, 그들의 의견이 존중받았다는 사실에 감사했다. 더 이상 회의에 너무 많은 시간을 뺏기지 않아 모두 만족스러워했다.

신뢰로 시작하라

진정으로 힘을 부여하는 리더가 되기 위한 첫걸음

프랜시스 프라이, 앤 모리스

2017년 어느 봄날 오후, 우버의 CEO 트래비스 캘러닉Travis Kalanick이 베이 에어리어 본사의 회의실에 들어섰다. 우리 중 한 명인 프랜시스가 그곳에서 기다리고 있었다. 지역 총괄 매니저인 메건 조이스Meghan Joyce가 회사에 끼친 심각한 손해를 회복하도록 이끌어주길 바란다며 연락해온 터였다. 우리는 창업자가 주도하는 대다수 조직에서 발생하는 무질서한 리더십과 문화적 어려움을 성공적으로 해결하도록 지원한 경험이 있었다.

하지만 우리는 우버에 매우 회의적이었다. 우버에 대한 모든 정보에서 회생 가능성이 거의 없어 보였기 때문이다. 당시 우버는 놀라울 정도로 혁신적이고 성공적인 스타트업이었지만, 기본적인 도덕성을 상실한 대가를 치른 것으로 보였다. 예를 들어, 2017년 초 뉴욕에서 운전자들이 트럼프 대통령의 여행 금지 조치에 항의하는 파업을 벌였을 때 우버가 그 상황을 이용해서 이익을 취하는 전략을 펼쳐, 광범위한 분노와 '우버 앱을 삭제하자'라는 #deleteUber 캠페인이 벌어졌다.

한 달 후, 회의가 열리기 얼마 전 우버의 엔지니어 수전 파울러Susan Fowler가 회사에서 겪은 괴롭힘과 차별 경험에 대한 글을 블로그에 용기 있게 올려, 우버는 사람들에게서 더 큰 공분을 샀다. 그 후 캘러닉이 우버의 한 운전자와 대화하는 영상이 공개되었다. 그 영상에는 캘러닉이 우버 사태 이후 생계를 유지하기 위해 겪는 고통을 무시하는 듯한 모습이 담겨 있었다. 그로 인해 우버에 대한 비난이 더욱 치솟았고, 우버는 돈을 벌기 위해서는 무슨 일이든 한다는 악명을 얻었다.

프랜시스는 우리의 회의적인 시각에도 굴하지 않고 캘러닉의 이야기를 듣기 위해 캘리포니아로 향했다(당시 앤은 자기 회사를 설립하고 있었기 때문에 프로젝트에 참여하지 않았다). 프랜시스는 그를 기다리면서 그동안 읽었던 거만한 CEO의 모습을 상상하며 마음을 다잡았다. 하지만 회의실에 들어온 사람은 그녀가 상상한 모습이 아니었다. 캘러닉은 겸허하고 반성하는 듯한 모습으로 들어섰다. 그는 직접 회사에 심은 문화적 가치, 즉 우버의 성공을 이끈 바로 그 가치가 자신의 임기 동안 어떻게 오용되고 왜곡되었는지 수많은 생각을 했다고 말했다. 팀이 이룬 성과에는 깊은 존경심을 표했지만, 어떤 사람들에게는 효과적인 교육이나 멘토링을 제공하지 않고 리더십 역할을 맡겼다는 점을 인정했다. 그때까지 저지른 실수가 무엇이든, 그는 CEO로서 상황을 바로잡으려는 진심 어린 열망을 드러냈다.

우리는 매사추세츠주 케임브리지에서 다시 모여 프로젝트를 진행할지 논의했다. 프로젝트를 추진하지 않을 이유는 많았다. 고된 출퇴근은 말할 것도 없고, 일이 힘들 것 같았으며, 결과도 불투명했다. 우버 직원들은 좌절감에 사로잡혀 있었고, 우버라는 브랜드의 부정적 이미지는 점점 더 커졌다. 하지만 우버를 올바른 길로 되돌리는 데 도움을 주면, 도덕성 문제와 관련해 길을 잃은 조직에서 인간성을 회복하려는 수많은 사람에게 로드맵을 제공할 수 있겠다는 생각이 들었다. 그래서 우리는 계약서에 서명했다.

그렇게 결정하고 나니 어디서부터 시작해야 할지 정확히 보였다. 바로 신뢰였다.

권한을 부여하는 리더십

우리는 신뢰를 소중하게 생각한다. 신뢰는 여전히 문명인으로서 우리가 하는 거의 모든 일의 기초다. 자기가 힘들게 번 돈을 기꺼이 상품과 서비스에 지불하고, 결혼을 통해 다른 사람에게 삶을 약속하고, 자기 이익을 대변해줄 사람에게 투표하는 것도 신뢰가 있기 때문이다. 안전망으로 법과 계약에 의존하기는 하지만, 그마저 궁극적으로 법을 집행하는 기관에 대한 신뢰를 기반으로 한다. 무언가 잘못되었을 때 정의가 실현될지는 알 수 없으나, 시스템을 충분히 신뢰하기 때문에 기꺼이 상대적으로 낯선 이들과 아슬아슬한 거래를 한다.

신뢰는 경영자가 갖춰야 할 가장 필수적인 자산 중 하나다. 그러나 신뢰를 구축하려면 리더십을 새로운 관점에서 되돌아봐야 한다. 전통적인 리더십에서는 비전과 전략, 어려운 결정을 내리고 사람들을 단합시키는 능력, 재능과 카리스마, 용기와 본능의 영웅적 순간 등 리더와 관련된 사항이 중요했다. 하지만 진정한 리더십에서는 경영자 자신이 아니라 경영자가 존재함으로써 다른 사람들에게 권한을 부여하고, 경영자가 없을 때도 리더십의 영향력이 계속 이어지도록 하는 것이 중요하다.

이런 점이 바로 경영자와 조직이 더 나아지도록 노력하는 과정에서 우리가 배운 기본 원칙이다. 경영자의 역할은 직원들이 각자 역량과 힘을 충분히 발휘할 여건을 조성하는 것이다. 경영자가 직원들과 함께 있을 때뿐 아니라 곁에 없을 때, 심지어 조직에서 완전히 떠났을 때도 마찬가지다. 우리는 이런 리더십을 '권한을 부여하는 리더십'이라고 부른다. 경영자가 신뢰를 많이 쌓을수록 권한을 부여하는 리더십을 발휘할 가능성이 높아진다.

리더십 자원을 어떻게 축적할까?

그렇다면 이 기본적인 리더십 자원을 어떻게 축적해야 할까? 우리의 경험으로 볼 때, 신뢰에는 진정성과 논리, 공감이라는 3가지 핵심 요인이 있다. 사람들은 리더가 자신과 진정으로 소통한다고 믿을 때(진정성), 리더의 판단력과 역량에 믿음이 있을 때(논리), 리더가 자신을 아낀다고 느낄 때(공감) 리더를 신뢰한다. 신뢰가 사라지면 대부분 이 3가지 요인 중 하나가 무너진 데서 그 원인을 찾을 수 있다.

사람들은 자신이 제공하는 정보(또는 잘못된 정보)가 자기 자신의 신뢰도를 어떻게 훼손할 수 있는지 좀처럼 인식하지 못한다. 게다가 스트레스는 문제를 증폭하는 경향이 있어 우리가 다른 사람을 회의적으로 만드는 행동을 더 강하게 밀어붙인다. 예를 들어, 구직자는 면접에서 무의식적으로 자신의 진정한 자아를 숨기려 하는데, 이는 진정성을 떨어뜨려 결국 채용 가능성이 낮아진다.

다행히 인간은 대체로 안정적인 신뢰 신호 패턴을 생성해 작은 행동 변화로도 큰 영향을 미칠 수 있다. 신뢰가 깨졌을 때나 아무런 효과를 얻지 못할 때도 대개 동일한 요인이 작용해 진정성과 공감성, 논리와 같은 동인이 흔들린다. 우리는 이것을 '신뢰의 흔들림trust wobble'이라고 부른다. 이것이 실패의 가장 큰 요인이다.

누구나 '신뢰의 흔들림'을 겪는다. 경영자로서 신뢰를 쌓으려면 자신의 '신뢰의 흔들림'이 무엇인지 인식해야 한다.

신뢰를 쌓아 따라오게 하라

흔들리는 부분을 파악하려면, 최근 원하는 만큼 신뢰를 얻지 못한 순간을 떠올려보라. 회사에 영업 손실을 가져왔거나 확장 업무를 받지 못했을 수도 있다. 혹은 단순히 누군가 당신의 실행 능력을 의심했을 수도 있다. 그런 순간을 염두에 두고 힘든 연습을 해보자. 당신을 신뢰하지 못하는 사람의 이야기를 들은 다음, 그 사람의 말을 무조건 믿자. 그 사람을 당신의 '회의론자'라고 부르자. 회의론자가 정당한 의심을 하고, 신뢰가 무너진 책임이 당신에게 있다고 말한다. 이 연습은 오직 당신이 책임을 질 때만 의미 있다.

3가지 신뢰 요인 중 하나를 선택해야 한다면, 이 상황에서 어떤 요인이 당신을 흔들었다고 보는가? 회의론자는 당신이 자신이나 하려는 이야기의 일부분을 제대로 표현하지 못한다고 생각하는가? 그렇다면 이때 당신을 흔드는 요인은 진정성이다. 회의론자가 당신이 자신의 이익을 우선시한다고 느끼는가? 그렇다면 요인은 공감이다. 회의론자가 당신의 분석이 엄밀하지 못하다거나 당신에게 야심 찬 계획을 실행할 능력이 없다고 의문을 제기하는가? 그렇다면 이번에는 논리의 문제다.

신뢰의 삼각형

신뢰에는 진정성과 논리, 공감이라는 3가지 요인이 있다. 신뢰가 무너질 경우 거의 항상 이 3가지 중 하나에서 원인을 찾을 수 있다. 리더로서 신뢰를 구축하려면 먼저 자신이 어떤 요인에서 흔들리는지 파악해야 한다.

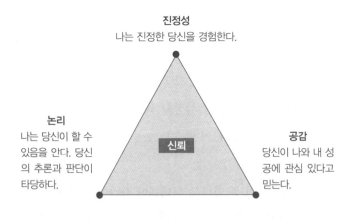

진정성
나는 진정한 당신을 경험한다.

논리
나는 당신이 할 수 있음을 안다. 당신의 추론과 판단이 타당하다.

신뢰

공감
당신이 나와 내 성공에 관심 있다고 믿는다.

이제 한걸음 뒤로 물러나 여러 상황에서 나타나는 흔들림의 패턴을 살펴보라. 그중에서 어떤 이유에서든 눈에 띄는 3~4개의 상호작용을 선택해 각각에 대해 간단하게 신뢰 진단을 실행해보라.

당신의 전형적인 흔들림은 어떻게 나타나는가? 스트레스를 많이 받거나 다른 유형의 이해관계자와 함께 있는 경우 패턴이 달라지는가? 예를 들어, 부하직원에게는 어떤 특성에서 흔들리는데, 상사에게는 다른 특성에서 흔들리는가? 이런 경우도 드물지 않다.

이 연습은 적어도 2명 이상 함께 진행하는 것이 효과적이며, 서로 잘 아는 사람과 하는 것이 좋다. 분석 결과를 공유하면 명확해지며, 가설을 테스트하고 구체화하는 데 도움이 된다. 자가 진단의 약 20퍼센트는 수정이 필요하니 솔직히 의견을 나눌 수 있는 파트너를 선택하라.

앞으로 돌아가, 당신의 회의론자와 허물없이 이야기해 분석을 테스트해보라. 회의론자와 공개적으로 대화를 나누면서 분석 결과를 직접 테스트하는 것도 좋은 방법이다. 이런 대화만으로도 신뢰를 회복하는 강력한 방법이 될 수 있다. 흔들림에 책임을 지면 인간성(진정성)과 분석적 능력(논리)을 드러내는 동시에 관계에 대한 헌신(공감)을 전달할 수 있다.

흔들림을 극복하라

지난 10년 동안, 우리는 노련한 정치인부터 밀레니얼 세대 기업가, 수십억 달러 규모 기업의 대표에 이르기까지 다양한 유형의 리더가 신뢰성 문제를 해결하도록 도움을 주었다. 그 과정에서 신뢰의 흔들림을 극복하기 위한 전략에 대해 많은 것을 배웠다. 여기서 신뢰 삼각형의 각 요인에서 가장 효과적인 전략은 무엇인지 알아보자.

공감

성취를 우선으로 삼는 경영자 대부분이 이 영역에서 어려움을 겪는다. 공감 능력이 부족하다는 신호는 권한을 부여하는 리더십의 주된 장애물이다. 당신이 다른 사람보다 자신에게 더 신경 쓴다고 여겨지면 사람들은 당신이 좋은 경영자가 되지 못할 거라고 생각할 것이다.

공감의 흔들림은 분석적이고 배우고자 하는 욕구가 강한 사람에게서 주로 나타난다. 이들은 자기와 동기가 비슷하지 않거나 무언가를 이해하는 데 자기보다 시간이 오래 걸리는 사람에게 조바심을 내는 경우가 많다. 더욱이 수시로 끼어드는 휴대폰 알림은 공감 표현을 방해하거나 금지한다. 24시간 내내 우리의 시간에 의무를 부여하고, 언제라도 우리의 관심을 사로잡을 온갖 종류의 디지털 기술을 마음대로 사용하기 때문이다. 삑삑거리고 윙윙거리는 장치는 끊임없이 우리의 자의식을 일깨워, 때로는 우리가 권한을 부여하고 이끌어야 할 바로 그 사람들과의 상호작용을 방해하기도 한다.

공감 능력이 떨어지는 사람은 특히 다른 사람들에게 발언권이 있는 그룹 환경에서 자기 행동에 세심한 주의를 기울여야 한다. 회의에서 빈번히 일어날 상황을 생각해보라. 회의가 시작되면 사람들은 대부분 매우 적극적으로 참여한다. 그러나 공감이 흔들리는 사람은 토론 중인 개념을 이해하고 자신의 아이디어를 제공하자마자 흥미를 잃는다. 그러면 참여도가 급격히 떨어지고 회의가 끝날 때까지 계속 참여도가 낮다. 집중하지 않고 멀티태스킹을 하거나 휴대폰을 확인하면서 대놓고 지겨움을 표현하는 등 회의에 관심 없다는 점을 분명히 드러내는 경우가 많다. 안타깝게도 이런 방종의 대가는 신뢰다. 다른 사람보다 자신이 더 중요하다는 신호를 계속 보내면 당신이 나아가려는 방향을 어떻게 신뢰하겠는가? 굳이 따라가려 하겠는가?

이 문제에 대한 기본적인 해결책이 있다. 회의에서 자신에게 필요한 것에 집중하는 대신, 다른 사람에게 필요한 것을 얻도록 노력하라. 회의실에 있는 다른 사람을 책임진다고 생각하라. 당신의 회의가 아니더라도 대화를 진행해야 한다는 책임을 공유하라. 개념에 생명을 부여하고 공감을 불러일으킬 사례를 찾아보라. 다른 사람들이 전부 이해할 때까지 주의를 집중하라. 문자 메시지를 보내거나 이메일을 확인한다면 집중하기가 거의 불가능하므로 전자기기를 치워라.

마지막으로, 행동을 바꿀 조처를 하지 않더라도 반드시 휴대전화를 치워라. 몇 분 동안 뒤집어놓는 정도가 아니라, 눈에 보이지 않고 손이 닿지 않는 곳에 둬라. 이렇게 해서 상호작용의 질이 얼마나 달라지는지 알면 정말 놀랄 것이다.

논리

사람들이 당신이 제시하는 아이디어의 정확성에 확신을 보이지 않거나 아이디어의 실행 가능성을 믿지 못한다면, 그것은 논리가 흔들리기 때문이다. 당신의 판단을 신뢰하지 않는다면, 당신이 상황을 책임지는 것 또한 바라지 않을 것이다.

논리에 문제가 있다면 데이터로 돌아가라. 확실한 증거에 근거해서 합리적 의심이 들지 않고 사실이라고 확신할 수 있는 점을 이야기한 다음, (어렵겠지만) 멈춰라. 래리 버드Larry Bird가 뛰어난 농구 선수로 평가받은 이유 중 하나는 반드시 성공할 수 있는 슛만 던졌기 때문이다. 그의 플레이는 특별히 타고난 슛 판단력이 있는 다른 위대한 선수들과 달랐다. 버드는 끊임없이 공부하고 연습해서 경기의 열기 속에서 공이 그의 손을 떠날 때쯤 어디로 가는지 정확히 알았다. 논리가 흔들린다면 버드를 본보기 삼아 '내 안에서 경기'하는 법을 배워라.

일단 이 방식에 익숙해지면, 당신이 아는 것을 확장하라. 그 과정에서 다른 사람에게 배우려고 노력하라. 다른 사람의 통찰력은 아주 값진 자원 중 하나다. 하지만 이를 활용하기 위해서는 자신이 답을 전부 알지 못한다는 사실을 스스럼없이 드러내야 한다. 리더들이 종종 거부하는 일이기도 하다. 사람들이 자신의 경험을 공유하면 또 다른 장점이 있다. 자신이 누구이고 직업적으로 무엇이 당신에게 활력을 불어넣는지 이야기할 수 있다. 그러면 진정성이 고양된다.

그러나 논리가 흔들리는 사람에게는 정확성이 문제가 아니다. 대부분 논리 자체보다 논리를 인식하는 방식에서 흔들림이 생겨 문제가 발생한다. 이런 일이 생기는 이유는 자기 생각을 효과적으로 전달하지 못하기 때문이다.

복잡한 생각을 전달하는 방법에는 일반적으로 2가지가 있다. 첫째, 관객을 구불구불 굽이진 여정에 끌어들여 극적인 긴장감을 일으키다가 보상을 거둔다. 세계적으로 위대한 스토리텔러들은 이 기법을 사용한다. 역삼각형을 상상하면 이 접근 방식을 시각화할 수 있다. 여정을 이끌어가는 스토리텔러는 역삼각형에서 제일 아래 꼭짓점에서 시작해 매혹적으로 구불구불한 경로를 거쳐 최종 목적지에 이른다.

하지만 리더의 논리가 흔들리면 이 여정이 위험해질 수 있다.

우회하는 여정을 계속하다 보면 스토리텔러의 판단에 신뢰가 쌓이기는커녕 그 과정에서 청중이 이야기에 집중하지 못할 가능성이 높다. 심지어 결정적 고비에서 리더를 신뢰하지 못할 수도 있다.

이를 방지하기 위해 가상의 삼각형을 똑바로 세워라. 삼각형 맨 위 꼭짓점에서 요점, 즉 헤드라인부터 시작해 아래쪽으로 내려가면서 증거를 보강하고 기초를 구축하라. 이 접근 방법은 리더가 명확한 비전과 사실을 완전히 파악한다는 사실을 알려준다. 그래서 사람들이 리더의 논리를 따를 가능성이 훨씬 높아진다. 도중에 방해받더라도, 핵심 아이디어를 전달할 기회를 얻을 것이다.

진정성

사람들이 '진정한' 당신, 즉 당신이 알고, 생각하고, 느끼는 것을 온전하고 충실하게 접하지 못한다고 느낀다면, 진정성이 흔들릴 가능성이 높다.

간단한 테스트를 해보자. 직업상 이미지와 가족이나 친구들에게 보이는 이미지가 얼마나 다른가? 만약 큰 차이가 있다면 어떤 부분을 숨기거나 최소화하는 대가로 얻는 것은 무엇인가?

'진정한 나'가 된다는 것은 이론상으로 좋게 들리지만, 특정한 진실을 숨기는 데는 강력한 동기가 존재할 수도 있다. 퀴어 정체성에 적대적인 직장에서 은밀하게 지내기로 한 경우에는 자신을 숨기는 것이 매우 실용적일 수 있다. 진솔한 감정을 표현하는 것이 좋지 않은 결과를 초래할 때도 있기 때문이다. 예를 들어, 여자들은 직장에서 부정적 감정을 표현하면 불이익을 받을 수 있고, 흑인 남자들은 그들이 분노에 취약하다는 잘못된 고정 관념 때문에 부담을 느낄 수 있다.

여기서 우리는 신중한 자기검열 순간을 이야기하는 것이 아니다. 이런 순간은 편견이나 낮은 심리적 안전감이라는 보다 방대한 맥락과 결부되게 마련이다. 따라서 그것보다는 전략으로서의 비진정성, 즉 직장 생활에서의 처신을 이야기하는 것이다. 만약 당신이 이런 방식으로 업무를 처리한다면 진정성이 흔들리고 있을 것이다.

본심을 숨기면 단기적 문제 해결에는 도움이 될지 모르지만 그로 인해 신뢰에 한계가 생기고, 나아가 리더의 능력에 좋지 않은 영향을 미친다. 사람들은 리더가 진실을 숨기거나 진실하지 않다고 느끼면 선뜻 따르려고 하지 않을 것이다.

우리는 다양한 팀에서 성과를 거두더라도 진정성이 부족할 때 대가를 치르는 것을 가까이서 지켜보았다. 오늘날 다양성은 시장에서 엄청난 자산이 되며, 이를 제대로 구현하는 기업은 대부분 강력한 경쟁 우위를 누릴 수 있다. 하지만 다양성의 이점은 저절로 얻어지는 것이 아니다. 단순히 다양한 관점과 경험으로 팀을 구성한다고 해서 항상 더 나은 성과로 이어지지도 않는다. 사실, 구성원 간의 차이를 제대로 관리하지 않으면 이질적 성향의 팀이 동질적 성향의 팀보다 성과가 떨어질 수 있다. 부분적으로는 '공통 정보 효과common information effect' 때문인데, 이 현상은 다음과 같이 작동한다. 인간은 다른 사람과 공통 부분에 집중하는 경향이 있다. 공통 지식이 우리의 가치와 그룹과의 친밀감을 확인시켜주기 때문이다. 그러나 이질적인 팀일수록 집단 의사 결정에 활용할 공통 정보가 적다.

3명의 구성원으로 이뤄진 두 팀을 생각해보자. 한 팀은 구성원의 성향이 서로 다르고, 다른 팀은 성향이 서로 비슷하다. 두 팀이 똑같은 방식으로 관리된다면, 예컨대 그룹 퍼실리테이션group facilitation(구성원이 서로 격려하며 개인의 역할을 원활하게 수행하도록 돕는 역량-옮긴이)의 모범 사례를 똑같이 따른다면 동질적인 팀이 이질적인 팀보다 더 나은 성과를 거둘 가능성이 높다. 피드백이 아무리 많고 신뢰가 무너져도 공통 정보 효과의 힘을 극복할 수는 없다.

하지만 이 효과는 사람들이 진정성에서 흔들림을 겪지 않아야 유지된다. 남과 다른 자기만의 고유한 모습을 드러내기로 한다면 팀에서 접근할 정보량이 확장되어 엄청난 이점이 창출될 것이다. 그 결과, 포용적 팀은 동질적 팀과 포섭을 위해 다양성이 적극적으로 관리되지 않는 팀보다 더 나은 성과를 거둘 가능

FOR BUSINESS STUDENTS

성이 높다(〈신뢰, 다양성 및 팀 성과〉 참고).

이렇게 확장되는 지식과 뚜렷한 효과를 얻으려면 진정성 때문에 흔들리는 사람이 용기를 내야 한다. 우리는 자신의 진정한 모습을 남과 공유하기가 얼마나 어려운지 잘 알며, 때로는 너무 무리한 요구라는 것도 알고 있다.

신뢰, 다양성 및 팀 성과

다양성이 있다고 무조건 의사 결정에 유리한 것은 아니다. 실제로 다양성을 적극적으로 관리하지 않으면, 오히려 동질적 팀보다 성과가 저조할 수 있다. 의사 결정을 할 때는 팀원이 공유하는 지식이 중요하다. 다양성이 있는 팀은 기본적으로 공통 지식이 부족한 상태에서 시작하기 때문이다. 하지만 다양한 팀원이 각자 고유한 관점과 경험을 공유하는 신뢰 여건을 조성하면 팀에서 할 수 있는 지식의 양이 확장되고, 이를 통해 엄청난 이점을 창출할 수 있다.

다양한 팀	동질적인 팀	포용적인 팀
다양한 지식이 부분적으로 공유된다.	방대한 공통의 지식이 완전히 공유된다.	방대하고 다양한 지식이 완전히 공유된다.

하지만 고유한 자아를 숨겨야 한다는 압박에 굴복하면 자신의 가장 소중한 부분을 억압한다. 결국 세상에서 자신에게 가장 필요한 것, 즉 자신의 차이를 숨기게 할 뿐 아니라 사람들이 자신을 리더로서 신뢰하기 어렵게 만든다.

자신이 남과 다르다고 생각하지 않더라도 이 문제에 관심을 기울여야 하는 이유가 있다. 우리는 진정성 없는 상호작용을 할 때 큰 대가를 치르며, 모두 진정성이 발현될 포용적 환경에서 발전할 가능성이 더 높다. 다시 말해, 성 편견은 여성만의 문제가 아니다. 제도적 인종 차별은 아프리카계 미국인이나 라틴계만의 문제가 아니다. 서로의 차이에 대한 부담을 함께 짊어지는 직장 환경을 조성하는 것이 우리가 공유해야 하는 도덕적·조직적 의무다. 결국 이런 차별을 없앨 때 우리 모두 커다란 혜택을 얻을 것이다.

기업들과 일하면서 얻은 교훈 중 하나는 진정성이 피어나는 공간을 만드는 것이 생각만큼 어렵지 않다는 점이다. 업계를 뒤흔들거나 복잡한 조직을 성장시키는 것보다 훨씬 수월하고, 목표를 빠르게 달성할 수 있으며, 리더들이 결과를 굳게 확신하면서 매일 할 수 있는 일이다. 서로의 다름이 자유롭게 표현되는 회사를 만들고, 그 안에서 책임감 있게 진정성을 유지한다면, 진정한 포용을 실현하고 수준 높은 신뢰를 구축할 가능성이 매우 높아질 것이다.

그러니 사람들이 듣고 싶어 할 거라고 스스로 짐작하는 말보다 사람들에게 해야 할 말에 더 신경 써라. 비평가들이 뭐라고 말하든 당신의 인간성을 있는 그대로 드러내라. 그리고 그 과정에서 나와 다른 사람들을 세심하게 배려하고, 그들의 다름이 나와 조직의 잠재력을 끌어 올리는 원천임을 굳게 믿어라.

자신을 신뢰하라

우리는 권한을 부여하는 리더십의 기본이 다른 사람이 나를 신뢰하게 만드는 거라고 주장해왔다. 여기에 더해 한 가지 알아야 할 점이 있다. 권한을 부여하는 리더십의 길은 다른 사람이 나를 신뢰할 때 시작되는 것이 아니라, 내가 나를 신뢰할 때 시작된다.

진정으로 권한을 부여하는 리더가 되기 위해서는 다른 사람과의 관계뿐만 아니라 자신과의 관계에서도 흔들리는 부분이 있는지 면밀히 살펴봐야 한다. 자신의 야망에 스스로 솔직한가? 아니면 자신을 진정으로 흥분시키고 영감을 주는 것을 무시하는가? 자신에게 무언가 숨기고 있다면 진정성 문제를 해결해야 한다. 자신의 욕구를 인정하고 제대로 충족시키는가? 그렇지 않다면 자신에게 좀 더 공감하는 자세를 취해야 한다. 자신의 아이디어와 수행 능력에 대한 확신이 부족한가? 그렇다면 논리에 문제가 있다.

리더로서 이런 작업을 하는 것은 중요하다. 여기에는 마땅한 근거가 있다. 당신이 스스로를 믿지 못하는데, 다른 사람이 어떻게 당신을 믿겠는가?

신뢰 회복 캠페인

다시 우버 이야기로 돌아가자. 우리가 함께 일하기 시작할 당시 우버는 '엉망진창'이라는 진단을 받을 정도로 엄청 흔들리고 있었다.

우버는 어쩌다가 이 지경이 되었을까?

신뢰와 관련된 몇 가지 기본적 사항을 생각해보자. 우버에서 공감 문제가 있었다는 데는 의심의 여지가 없다. 성장에만 초점을 맞추다 보니 이해관계자, 특히 운전자와 직원의 관계에 진정성 있는 관심이 부족했다. 운전자들이 보기에 그들의 안전이 회사의 재무적 성과보다 우선시된다는 확신이 부족했다.

또한 우버는 엄청난 성공을 거뒀지만 사업 모델의 장기적 실행 가능성이나 리더가 광범위한 규모와 광범위한 영역의 조직을 이끌 능력을 갖추었는지에 대한 의문을 해결하지 못했다. 논리성의 문제가 해결되지 않았다는 뜻이다.

마지막으로, 회사 전략실의 사고방식이 회사의 진정성을 약화시켰다. '우리 대 그들us vs. them'이라는 우버의 문화 속에서 사람들은 자신이 전체 맥락을 제대로 파악하고 있는지 갈피를 잡지 못했다.

프랜시스와 함께 일하기 시작할 때, 캘러닉은 이미 회사의 신뢰를 회복하기 위한 변화를 시도하고 있었다. 예를 들어, 오바마 정부 때 법무부 장관을 지낸 에릭 홀더Eric Holder를 고용해 괴롭힘과 차별이 있는지 엄격하게 내부 조사를 진행했으며, 홀더가 광범위한 권고 사항을 제시하자 실행에 옮겼다.

또한 우버는 새로운 운전자 팁 기능 출시를 앞두고 있었으며, 이 기능 출시 첫해에 6억 달러의 추가 운전자 보상금을 창출할 것으로 예상되었다. 그뿐만 아니라, 운전자와 탑승자 모두를 보호할 도구를 제공하기 위해 새로운 안전 기능 장치도 개발하고 있었다.

캘러닉은 CEO로서 이런 계획을 완성할 기회를 얻지 못했다. 그는 2017년 6월 CEO 자리에서 물러났다. 2019년 12월까지 이사회 의장직과 회사 지분을 유지했지만, 결국 이것도 모두 포기했다. 이후 신생 기업을 이끌며 효과적인 리더십을 발휘한 익스피디아 전 CEO 다라 코즈로샤히Dara Khosrowshahi가 신임 CEO로 왔다.

프랜시스는 곧 코즈로샤히와 함께 내부적으로 신뢰 회복 캠페인을 이어가기 시작했다. 두 사람은 회사가 지닌 문화적 가치를 다시 쓰는 노력을 주도했으며, 1만 5,000명에 이르는 직원에게 우버가 지켜야 할 원칙에 대한 의견을 수렴했다. 그들이 정한 새로운 모토는 '우리는 옳은 일을 한다, 반드시'였다. 코즈로샤히는 규제 당국과의 관계를 강화하고 가장 방어하기 쉬운 서비스와 시장에 중점을 두는 논리 중심의 정책을 펼치면서 초기에 직원들의 신뢰를 얻었다.

캠페인을 실시하는 동안 우리가 수행한 작업 대부분은 직원 차원의 신뢰 회복을 목표로 했다. 쉽게 파악하고 고칠 수 있는 것도 있었다. 예를 들어, 우버에서는 회의 도중 다른 사람들에 관한 내용을 다룰 때 직원들이 문자를 보내 공감을 해치던 관행을 조금씩 줄여나갔다. 기술 기업에서는 흔한 일이었지만, 처음 이 모습을 접하고 우리는 충격을 받았다. 우리는 회의 중에 개인의 전자기기를 전부 끄거나 치우는 새로운 규범을 도입해 사람들이 동료와 다시 눈을 마주치게 했다.

수천 명의 관리자 교육 등 해결하기 어려운 과제도 있었다. 우리는 우버가 초고속으로 성장하는 시기에 직원에 대한 투자가 부족해, 업무가 급증하는 복잡한 상황에 대비할 준비가 되어 있지 않은 임원이 많다고 생각했다. 그래서 임원 교육을 대폭 강화해 이런 논리의 흔들림 문제를 해결했으며, 가상 교실을 활용해 샌프란시스코와 런던, 하이데라바드에 있는 직원들에게 실시간 사례 토론에 참여하도록 했다. 우리의 시범 프로그램은 자발적 참여로 이뤄졌고 때로는 터무니없이 불편한 시간에 수업이 진행되기도 했지만, 50여 개국에 거주하는 6,000명의 우버 직원이 60일 동안 각각 24시간씩 교육에 참여했다. 속도와 규모, 몰입도 측면에서 놀라운 경영 교육이었다.

이 커리큘럼은 무질서했던 의사소통 삼각형을 바로잡는 동시에 리더로서 빠르게 성장할 도구와 개념을 제공했다. 직원들은 더 잘 들을 뿐만 아니라 여러 사업부와 지역 간에 더 쉽게 협업하는 방식으로 소통하는 기술을 습득했다.

프랜시스는 첫 30일 동안 주요 글로벌 지사를 방문하는 등 현장으로 나가 보호받는 공간에서 직원들의 의견을 경청하고 직원에게 가치 있는 회사를 만들겠다는 경영진의 의지를 전달했다. 많은 사람이 우버 직원으로서 갈등을 겪던 시기여서, 프랜시스는 전 직원이 회사에 자부심을 느낄 때까지 우버 티셔츠를 입도록 했다.

1년간 노력한 결과, 우버의 상황은 매우 좋아졌다. 여전히 해결할 문제가 남아 있었지만, 직원들의 정서와 브랜드 건전성, 운전자 보상 등의 지표가 올바른 방향으로 나아가고 있었다. IPO를 향한 행진이 본격적으로 시작되었다. 좋은 인재들이 회사에 남고 더 많은 인재가 합류했으며, 우리가 가장 좋아하는 전진의 지표인 우버 티셔츠가 도시 길거리에서 점점 더 많이 눈에 띄었다.

이 모든 변화는 우버의 전 계층에 걸쳐 재능과 창의성, 학습에 대한 헌신이 존재하고, 캘러닉과 코즈로샤히가 시도한 새로운 신뢰의 토대가 구축되었음을 입증한다.

프랜시스 프라이는 하버드 경영대학원 서비스 경영학 UPS 재단 서비스 교수다. 우버와 함께 작업한 공로로 우버 주식을 받았고, 지금도 그 주식을 보유하고 있다.

앤 모리스는 기업가이자 리더십 컨소시엄의 상임 창립자다. 두 사람은 《임파워먼트 리더십: 조직을 지속적으로 성장시키는 리더는 무엇이 다른가Unleashed: The Unapologetic Leader's Guide to Empowering Everyone Around You》(2022, 한겨레출판)를 공동 집필했다. 이 글은 이 책의 일부에서 발췌했다.

진정성, 논리, 공감에 집중해
신뢰 구축하기

출발점

전통적으로 리더십에 관한 이야기는 전부 리더에 관한 것이었다. 리더의 재능과 카리스마, 용기와 본능 등이 중요했다. 하지만 진정한 리더십은 팀의 구성원들이 각자 역량과 힘을 충분히 발휘하도록 여건을 조성하는 것이다. 그러기 위해서는 신뢰 축적 방법을 개발해야 한다.

과제

리더는 어떻게 신뢰를 구축해야 할까? 신뢰의 핵심 요인인 진정성과 논리, 공감에 집중해야 한다. 사람들은 자신이 진정으로 리더와 소통한다고 생각할 때, 리더의 판단력과 역량을 믿을 때, 리더가 자신에게 관심을 보인다고 생각할 때 리더를 신뢰하는 경향이 있다.

앞으로 나아갈 길

리더가 신뢰에 어려움을 겪으면 대개 3가지 요인(진정성, 논리, 공감) 중 하나가 부족하기 때문이다. 신뢰를 쌓거나 회복하려면 어떤 요인이 불안정한지 파악한 다음 이를 강화하기 위해 노력해야 한다.

◆ 일과 삶의 균형 관리하기, Manage Your Work, Manage Your Life, 보리스 그로이스버그, 로빈 에이브러햄스, 〈하버드 비즈니스 리뷰〉 2014년 3월 호.

◆ 설득의 과학 활용하기, Harnessing the Science of Persuasion, 로버트 치알디니, 〈하버드 비즈니스 리뷰〉 2001년 9월 호.

◆ 끝내주게 멋진 강연을 하는 방법, How to Give a Killer Presentation, 크리스 앤더슨, 〈하버드 비즈니스 리뷰〉 2013년 6월 호.

◆ 탄탄한 비즈니스 글쓰기의 과학, The Science of Strong Business Writing, 빌 버처드, 〈하버드 비즈니스 리뷰〉 2021년 7-8월 호.

◆ 높은 성취를 이룬 사람이 불안을 극복하는 방법, How High Achievers Overcome Their Anxiety, 모라 에런스멜, 〈하버드 비즈니스 리뷰〉 2023년 3-4월 호.

◆ 우리는 가면 증후군 앞에서 무력하지 않다, You're Not Powerless in the Face of Imposter Syndrome, 키스 도시, 〈하버드 비즈니스 리뷰〉 2023년 6월 호.

◆ 피드백의 오류, The Feedback Fallacy, 마커스 버킹엄, 애슐리 구달, 〈하버드 비즈니스 리뷰〉 2019년 3-4월 호.

◆ C레벨 최고 경영진에게 가장 중요한 스킬, The C-Suite Skills That

Matter Most, 라파엘라 사둔, 조지프 풀러, 스티븐 한센, 피제이 닐, 〈하버드 비즈니스 리뷰〉 2022년 7-8월 호.

◆ 윤리적 경력 쌓기, Building an Ethical Career, 마리암 코우차키, 아이작 스미스, 〈하버드 비즈니스 리뷰〉 2000년 1-2월 호.

◆ 목적을 통해 영향 미치기, From Purpose to Impact, 닉 크레이그, 스콧 스누크, 〈하버드 비즈니스 리뷰〉 2014년 5월 호.

◆ 강점을 너무 밀어붙이지 마라, Stop Overdoing Your Strengths, 로버트 캐플런, 로버트 카이저, 〈하버드 비즈니스 리뷰〉 2009년 2월 호.

◆ 신뢰로 시작하라, Begin with Trust, 프랜시스 프라이, 앤 모리스, 〈하버드 비즈니스 리뷰〉 2020년 5-6월 호.

옮긴이 **신예용**

숙명여자대학교에서 영문학을 전공하고 동 대학원에서 문학을 공부했으며, 방송사에서 구성작가로 일했다. 현재 번역 에이전시 엔터스코리아에서 번역가로 활동하고 있다. 옮긴 책으로는 《성과로 말하는 사람들》, 《성장을 이끄는 팀장들》, 《겸손의 힘》, 《템페스트》, 《이기는 게임을 하라》, 《데일 카네기 성공대화론》, 《가장 잔인한 달》, 《잃어가는 것들에 대하여》, 《공짜 치즈는 쥐덫에만 있다》, 《더 적게 일하고 더 많이 누리기》, 《하루 10분 책 육아》, 《북유럽 공부법》, 《나우이스트》, 《스킨케어 바이블》, 《영문과 함께하는 1일 1편 셜록 홈즈 365》, 《탤런트》 등 다수가 있다.

성장의 모멘텀 시리즈 3

성공을 설계하는 리더들

초판 1쇄 인쇄 2024년 11월 20일
초판 1쇄 발행 2024년 12월 10일

지은이 로버트 치알디니, 마커스 버킹엄 외 ㅣ 옮긴이 신예용
펴낸이 오세인 ㅣ 펴낸곳 세종서적(주)

주간 정소연 ㅣ 편집 이현미
표지디자인 석윤이 ㅣ 본문 디자인 김미령
마케팅 조소영 ㅣ 경영지원 홍성우
인쇄 탑 프린팅 ㅣ 종이 화인페이퍼

출판등록 1992년 3월 4일 제4-172호
주소 서울시 광진구 천호대로132길 15, 세종 SMS 빌딩 3층
전화 (02)775-7011
팩스 (02)776-4013
홈페이지 www.sejongbooks.co.kr
네이버포스트 post.naver.com/sejongbooks
페이스북 www.facebook.com/sejongbooks
원고모집 sejong.edit@gmail.com

ISBN 978-89-8407-854-3 (04320)
    978-89-8407-340-1 (세트)